Seifen-Mahmoud/Mahmoud

Energie-Nahrung

Natürlich, nahrhaft und obendrein noch köstlich – das ist »Energie-Nahrung«. Wer könnte diese drei Eigenschaften besser vereinen als ein erfahrener Koch und eine naturbegeisterte Journalistin?

Hussein Mahmoud, in Kairo geboren, war mit Anfang 20 einer der jüngsten Küchenchefs Bayerns. Seitdem hat er in vielen gehobenen Restaurants gearbeitet, sein Know-how beständig erweitert und seine Kreativität und Kochkunst gesteigert. Die Begeisterung fürs Kochen teilt auch seine Frau **Martina Seifen-Mahmoud**. Die gebürtige Kölnerin war viele Jahre Stellvertretende Chefredakteurin des BIO Magazins. Als Journalistin und Buchautorin brennt sie für die Themen Ernährung und Naturheilkunde – der bewusste Umgang mit der Natur und die Wirkung der natürlichen Pflanzenkraft sind ihre große Leidenschaft.

Martina Seifen-Mahmoud · Hussein Mahmoud

Energie-Nahrung

Transformiere Pflanzenkraft in pure Lebensenergie

TRIAS

9 Was uns nährt und glücklich macht

10 **Licht in die Ernährung lassen**
10 Wundermittel Chlorophyll
11 Lichtinformationen in der Nahrung
12 Warum lebendige Nahrung gesund ist
16 Die besten Chlorophyll-Quellen
22 Weitere Superfoods
28 Gesund süßen
31 Grüne Lebensmittel – was man beachten sollte
35 Zellnahrung – alles dreht sich um die Gesundheit der Zellen

38 **Lebendiges Wasser**
38 Wasser ist nicht gleich Wasser
39 Wasser besitzt Energie
40 Wasser in guter Trinkqualität
40 Kochen und Trinken mit Wasserfilter
43 Getränke, die dem Körper Energie entziehen
44 Getränke, die Energie spenden

52 **Der Nährboden**
52 Mikroorganismen sind lebenswichtig
53 Die Entdeckung der Effektiven Mikroorganismen
53 Die Arbeit der Effektiven Mikroorganismen
57 Darmgesundheit und Effektive Mikroorganismen

61 Grüne Rezepte

62 **Aufstriche und Dips**

68 **Salate und Suppen**

80 **Snacks und kleine Gerichte**

108 **Mit Ruhe kochen**

118 **Getränke und Desserts**

130 **Service**
130 Vitalstoffe zum Nachschlagen
131 Ätherische Öle, Gerbstoffe & Co.
131 Literaturtipps
132 Interessante Links
133 Rezeptverzeichnis
134 Stichwortverzeichnis

Exkurse

14 »Smoothie-Queen« Julie Morris
36 Lumira – die Seele und den Geist nähren
50 Carlo Petrini – die italienische Antwort auf Fast Food
58 Felix Olschewski – auf den Urgeschmack kommen

Liebe Leserinnen und Leser,

die Sonne ist alles! Das wurde uns wieder einmal bewusst, als wir vor einiger Zeit in Ägypten waren. Die Menschen dort sind temperamentvoll und lebhaft, lachen viel und haben Spaß: mit sich selbst und mit dem Leben. Ihre Art, mit sich und Fremden umzugehen, ist ausgesprochen herzlich. Sie haben täglich Licht satt! Davon profitieren sie, wie auch alle anderen Lebewesen: die Pflanzen, die Früchte, das Gemüse.

Aber auch wenn wir Mittel- und Nordeuropäer nicht so stark von der Sonne verwöhnt werden, gibt es auch bei uns Lebensmittel, die optimal für eine gesunde und lichtvolle Ernährung geeignet sind. Sie können den Körperzellen absolute Energie zuführen, wodurch sich automatisch mehr Lebenskraft, Wohlbefinden und Gesundheit einstellen. Erkennen können Sie solche Lebensmittel auf den ersten Blick an der grünen Farbe (vom Chlorophyll).

Gute Nahrung ist aber mehr als grüne Nahrung. So wie wir auf das Licht angewiesen sind, brauchen wir auch das Wasser und die Erde, um uns zu ernähren. Strukturiertes, »lebendiges« Wasser, das Nähr- und Vitalstoffe enthält, löscht nicht einfach unseren Durst, es kann als »Lebensquell« wirken. Mikroorganismen und Effektive Mikroorganismen sorgen dafür, dass gute Bakterien gefördert werden, Pflanzen gedeihen und alles belebt wird.

Auf diesem Weg wird es ganz leicht, dass wir unseren Zellen das geben, was sie brauchen: Grüne Smoothies, chlorophyllhaltige Nahrung und sauberes Wasser können gar nicht anders, als einen Wandlungsprozess zu bewirken. Es ist im wahrsten Sinne des Wortes eine Transformation, die von innen – über unsere Zellen – bis nach außen, zu unserem Aussehen führt und durch die sich unter anderem der Säure-Basen-Haushalt reguliert – der Körper kann mehr Licht aufnehmen. Dadurch fühlt man sich spürbar freier, glücklicher, leichter – auch in anderen Bereichen des Lebens. Mit unseren Transformationsrezepten kann dies gelingen.

Ihre Martina Seifen-Mahmoud und Ihr Hussein Mahmoud

Was uns nährt und glücklich macht

Unser seelisches und körperliches Wohlbefinden ruht auf genau 3 Säulen: Licht, Wasser und Erde. Diese können wir zum Guten und zum Schlechten beeinflussen.

Licht in die Ernährung lassen

Alles Leben ist vom Licht abhängig, denn alle biochemischen Körpervorgänge werden durch Licht erst möglich.

Licht entscheidet über Gesundheit oder Krankheit von Körperzellen, denn es spielt eine entscheidende Rolle in den Mitochondrien, den Kraftwerken der Zelle. Hier geht es um nichts Geringeres als um Energieaufnahme, die der Körper zum täglichen Leben braucht. So wie ein Auto nur mit Benzin fahren kann, so kann der Organismus nur durch die Zufuhr von Energie existieren. Ohne Nahrung könnten wir nicht lange überleben. Wir müssen unsere Zellen füttern. Die Frage ist allerdings, womit wir das tun. Fast Food, Fertiggerichte und Süßwaren bringen kurzfristig auch Energie, machen aber langfristig energielos. Es ist wie bei einem Auto, das mit falschem Benzin und schlechter Wartung fahren muss. Es wird früher oder später seinen Dienst versagen, je nachdem wie stark sein Motor ist.

Wundermittel Chlorophyll

Chlorophyll, das reine Blattgrün der Pflanzen, entsteht durch Sonnenlicht und Photosynthese. Das bedeutet: Es beinhaltet die Energie und Heilkraft der Sonne. Besondere Spender sind grünes Blattgemüse, Wild- und Küchenkräuter, Salat, Grünkohl, Brokkoli, Petersilie, Schnittlauch, Weizengras, Gerstengras, Algen oder Aloe Vera, um nur einige zu nennen.

Der Schriftsteller Hugo Hertwig beschäftigte sich intensiv mit der Kraft der Heilpflanzen. Er war der Überzeugung, »dass es keinen besseren Körperschutz gibt als lebendiges, frisches Blattgrün, das Chlorophyll, das uns die Sonnenstrahlen vermittelt. Denn aus dem Blatt wird Blut.«

Der Gedanke, dass Chlorophyll blutbildend ist, kommt nicht von ungefähr, denn Chlorophyll hat eine ähnliche chemische Struktur wie der rote Blutfarbstoff Hämoglobin. Zusätzlich wirkt es sich auch stärkend auf die Zellatmung und den Zellstoffwechsel aus und hat eine blutreinigende und entschlackende Wirkung. Je größer die Versorgung mit chlorophyllhaltigen Nahrungsmitteln, desto ge-

sünder wird unser Lebenssaft Blut und desto stärker werden auch die körperliche Gesundheit und das seelische Wohlbefinden.

Lichtinformationen in der Nahrung

» *In den Zellen sitzt das Licht des Lebens und steuert alle wichtigen Abläufe.* «
Prof. Dr. Fritz Albert Popp

Eine einzigartige Eigenschaft des Chlorophylls besteht darin, die Sonnenstrahlen in Form von Biophotonen zu speichern und auf diese Weise unsere Zellen zu beleben und dem Alterungsprozess entgegenzuwirken. Den Beweis für die Existenz der Biophotonen – des Lichts in den Zellen – erbrachte Mitte der 1970er-Jahre der deutsche Physiker Prof. Dr. Fritz Albert Popp. Er stellte fest, dass jede Zelle Licht mit einer Wellenlänge zwischen 200 und 800 Nanometern abstrahlt. Besonders interessant in Bezug auf lebendige Nahrung war der Nachweis seines Doktoranden Bernhard Ruth. Er legte zunächst Gurken- und Kartoffelkeime, später tierische Zellen in einen sogenannten Photonen-Vervielfacher. Bei jeder Probe zeigte der Apparat Lichtabstrahlungen, die aber von Probe zu Probe schwächer wurden. Ein Blatt beispielsweise, das vor längerer Zeit gepflückt wurde, strahlte weniger Licht ab als ein frisch gepflücktes Blatt. Popp folgerte daraus, dass Sonnenlicht eine grundlegende Nahrungsquelle der meisten Lebewesen ist – so auch des Menschen. Lebensmittel, so Popp, »sind nichts weniger als Lichtinformationen und wir Menschen nichts anderes als Lichtsäuger«.

Positive Eigenschaften des Chlorophylls:

- entgiftende und ausleitende Wirkung in Bezug auf umweltbedingte Schadstoffe, wie Schwermetalle, Dioxin und Pestizide
- antibakterielle Wirkung: Das Chlorophyll bremst die Bakterienbildung, was sich u.a. auch positiv bei schlechtem Körpergeruch und Atem auswirkt.
- leberschützende Wirkung: durch die Ausleitung schädlicher Schimmelpilzgifte (Aflatoxine), z.B. enthalten in Mais, Soja, Nüssen, Chili und Paprika
- Versorgung mit Eisen und Magnesium: Chlorophyll enthält nicht nur Eisen und Magnesium, sondern der Körper kann diese mithilfe von Chlorophyll auch besser aufnehmen. Als Faustregel gilt: je dunkler das Grün, desto mehr Magnesium, und je rötlicher das Blatt, desto mehr Eisen enthält es.
- wundheilende Wirkung: Das Gewebe wird besser durchblutet, sodass auch Wunden schneller heilen können.
- eine vorbeugende Wirkung gegen Diabetes und Demenz, wie US-Studien der Universität Chicago aus den Jahren 2010 und 2015 belegen

Grüne Lebensmittel frisch verarbeiten

Frisch gepflückt und verarbeitet besitzen grüne Blätter einen überdurchschnittlich hohen Gehalt an Vitalstoffen. Sie enthalten nicht nur eine hohe Dichte an sekundären Pflanzenstoffen, Bitterstoffen und Nahrungsenzymen, sondern auch basenbildende Mineralstoffe, Spurenelemente und Omega-3-Fettsäuren. Besonders nährstoffreich sind Wild- und Gartenkräuter, da diese in der Regel auf gesunden, nährstoffreichen Böden wachsen und nicht durch Züchtungen verändert wurden.

Aber Vorsicht: Alle chlorophyllhaltigen Nahrungsmittel sind gegenüber Licht, Hitze und Sauerstoff sehr empfindlich. Sie sollten deshalb nicht lange gelagert, sondern möglichst frisch und schonend zubereitet und gleich verzehrt werden. Bei Zubereitungstemperaturen über 40 Grad werden Biophotonen und Enzyme zerstört – ein Argument dafür, grüne Blätter, Salate und Kräuter roh in Form von Smoothies, Pasten oder Salaten zu sich zu nehmen.

Warum lebendige Nahrung gesund ist

Lebendig ist Nahrung, wenn sie viel Chlorophyll enthält und möglichst frisch vom Feld auf dem Teller landet. Lebendige Nahrung wächst auf fruchtbaren natürlichen Böden und wird nicht chemisch behandelt. Je mehr ein Lebensmittel durch Düngung, Züchtung und Zubereitung von seinem ursprünglichen Zustand entfernt wird, desto weniger Biophotonen, d. h. Licht, enthält es und desto geringer ist der gesundheitliche Nutzen.
Was viele nicht wissen: Die in der freien Natur wachsenden Blätter von Bäumen oder Sträuchern wie die von Birken, Rotbuchen, Brombeeren oder Himbeeren enthalten viele Vitalstoffe. Auch das Blattgrün von Karotten, Radieschen, Kohlrabi & Co. hat weit mehr Vitamine, Mineralstoffe und Eiweiß als das Gemüse selbst. Warum? Weil es grün ist und eine besondere Dichte an Chlorophyll aufweist.

Allerdings ist es ein Trugschluss zu glauben, dass man mit dem Knabbern grüner Blätter oder Salate genug für die Gesundheit getan hat. Wir sind keine Primaten wie Schimpansen und Gorillas, die sich hauptsächlich von grünen Blättern und Früchten ernähren. Der menschliche Verdauungstrakt kann, selbst wenn wir vorher gründlich kauen, die Cellulose nicht verwerten. Hier kommen die Smoothies ins Spiel.

Die Bedeutung grüner Smoothies

Ob Gartenkräuter, Salat, Grünkohl oder Avocado – was immer man in den Mixer gibt, kann vom menschlichen Verdauungssystem gut verarbeitet werden. Wichtig ist dabei lediglich, dass man einen möglichst leistungsstarken Mixer mit rund 25 000 Umdrehungen pro Minute zur Verfügung hat, der die Ballaststoffstrukturen der grünen Blätter auch aufschließen kann.

Das Besondere an selbst zubereiteten Smoothies: Sie machen satt und zufrieden und bremsen die Lust auf Schokoriegel und Chips, wie wir aus eigener Erfahrung wissen. Idealerweise trinkt man einen Smoothie am Morgen. So kann man mit einem guten Vitamin- und Vitalstoffcocktail in den Tag starten, ohne dass die Verdauung groß belastet wird.

Eiweiß-Chlorophyll-Booster

Meeres-Smoothie

wenig Aufwand

Für 2 Portionen

⏲ 10 Min.

2 Blatt frischer Grünkohl • 1 Birne • 1 EL Nori-Flocken • 1 TL Hanfsamen • 250 ml stilles Wasser

● Grünkohlblätter waschen und von den Stielen befreien. Birne schälen, entkernen und in Stücke schneiden.

● Mit den Nori-Flocken und dem Hanfsamen in ein Rührgefäß geben, mit Wasser aufgießen und mit dem Stabmixer pürieren – sofort trinken.

»Smoothie-Queen« Julie Morris

Wer sich etwas Gutes tun und mit einem schnellen Vitamin-Kick versorgen möchte, trinkt gerne einen Smoothie.

Die erfrischenden Drinks aus pürierten Früchten, Blattgemüse, Garten- und Wildkräutern erobern seit Jahren die Regale der Supermärkte. Noch besser sind sie allerdings, wenn man sie selbst zubereitet. So wie Julie Morris, die seit rund 15 Jahren in der Bio-Branche arbeitet. Sie ist Küchenchefin und Geschäftsführerin von »Navitas Naturals«, einer Firma, die weltweit Bio-Nahrungsmittel vertreibt. Ihre Spezialität sind Smoothies aus Superfoods, also natürlichen Nahrungsmitteln, die eine besondere Dichte an Mikronährstoffen wie Vitaminen, Mineralien, sekundären Pflanzenstoffen und Antioxidanzien aufweisen. Superfoods, so Julie Morris, »sind das Beste, was die Natur zu bieten hat. Davon profitiert jeder, Omnivore, Vegetarier, Veganer, jede Ernährungsweise.«

Erste Schritte Schon als Kind interessierte sich Julie Morris mehr für Kochshows als für Cartoons. Im Alter von 14 Jahren wurde sie aus Tierliebe Vegetarierin. Später studierte sie am Clayton College in Birmingham/Alabama (USA) ganzheitliche Ernährung. In dieser Zeit konsumierte sie reichlich Kaffee und Energydrinks, die sie aber immer nur kurzfristig zu pushen vermochten. Sie geriet in eine Energiekrise und suchte nach Alternativen. Sie fand diese zunächst in Macapulver und getrockneten Goji-Beeren. Daraus formte sie Bällchen, die anfangs nicht besonders schmeckten, wie sie betont. Doch sie zeigten eine Wirkung: Julie Morris wurde leistungsfähiger und gleichzeitig ausgeglichener.

Superfoods für den Alltag Jetzt wollte sie mehr über gute Nahrungsmittel erfahren. Sie suchte, probierte, las, experimentierte. Das Ergebnis: leckere Smoothies und Küchenrezepte aus Superfoods. »Mein Ziel ist der gesunde, leckere Kick für jeden Tag. Am meisten verwende ich frisches, grünes Blattgemüse wie Spinat, Salat, Weißkohl, Brokkoli, rotes Blattgemüse wie Radicchio, oder Rotkohl, frische Beeren, Chlorella oder Spirulina, Chia- und Hanfsamen, Goji-Beeren, Quinoa, Granatapfel, Kakao- und Macapulver.«

Mit ihren Smoothies will Julie Morris »die Geschmacksnerven und den Körper jeden Tag zum Lächeln bringen«. Wichtig ist dabei zweifelsohne die Frische, denn Smoothies, so Julie Morris, trinkt man am besten gleich nach

dem Mixen. Der Grund: Farbe, Geschmack, Textur und Qualität verändern sich bereits nach kurzer Aufbewahrungszeit. Und das ist dann nicht mehr im Sinne der Erfinderin. Denn ein Smoothie soll die Lebensgeister wecken und die Lebensqualität verbessern – und das ist nur durch Frische möglich. Der Nutzen der Smoothies ist vielseitig. Sie können z. B. der Schönheit, der Knochenstärkung, der Herzgesundheit, der Immunstärkung und der Entschlackung dienen.

Die richtige Süße Wenn man es sich schon leisten kann, »Superfoods in den Mixer zu packen, dann sollte man sein Vorhaben nicht dadurch untergraben, dass man mit kontraproduktiven Zutaten arbeitet.« Neben Zucker und chemischen Süßmachern wie Aspartam und Saccharin sind dies auch Produkte wie Rohrzucker, Maissirup, Milch, Eiweißpulver und Molkeeiweiß. »Alle diese Lebensmittel besitzen eine niedrige Nährstoffdichte und können sich negativ auf die Gesundheit auswirken«, so Julie Morris.

Da der süße Geschmack dennoch wichtig für Erfolg oder Misserfolg eines Smoothies ist, empfiehlt die Expertin u. a. Agavendicksaft, Dattelsirup, Ahornsirup, Stevia und Xylitol (Birkenzucker).

Wer nun gleich loslegen möchte, sollte bitte zuerst folgende Schritte beachten, um ein möglichst gutes Ergebnis zu erzielen. Für Julie Morris ist die Reihenfolge der Mixer-Füllung fast ebenso wichtig wie die Zutaten selbst.

Basis: Harte, kompakte Zutaten wie Nüsse und Körner kommen stets zuerst in den Mixer.

Hauptmasse: Weiche, kompakte Zutaten wie Früchte, Gemüses, Blattgrün folgen als nächstes.

Pulver+Superfoods: Hierzu gehören beispielsweise Maca-Pulver oder Chiasamen, Gojibeeren und Mikroalgen. Gibt man diese Zutaten zuerst in den Mixer, kann es passieren, dass sie unter den Klingen festkleben bzw. festhaken.

Flüssigkeit: Zum Schluss wird die gewünschte Flüssigkeit wie Wasser, Kokos- oder Hafermilch aufgegossen.

Victoria Boutenko – die »Mutter der grünen Smoothies«

Entdeckt wurde diese Form der grünen Flüssignahrung übrigens durch die Russin Victoria Boutenko, die 1990 mit ihrem Mann und ihren beiden Kindern in die USA auswanderte. Alle vier litten unter chronischen Krankheiten wie Diabetes, Asthma, Allergien, Herzrhythmusstörungen und Übergewicht. Victoria Boutenko suchte nach einer Lösung und fand sie zunächst in Rohkosternährung. Die chronischen Krankheiten schwanden nach ein paar Jahren, die Lust am Essen allerdings auch. Die ewig gleichen klassischen Rohkostgerichte wollten nicht mehr so recht munden, Blätter und Salate machten zudem nicht wirklich satt. Victoria Boutenko forschte weiter, denn sie war sich sicher, dass irgendetwas in ihrer Nahrung fehlte. Sie studierte die Ernährung der Schimpansen und entdeckte, dass diese Früchte oft in grüne Blätter wickelten, um dann beides genüsslich wie ein Sandwich zu verspeisen. 2004 erfand die gebürtige Russin die grünen Smoothies – ein Cocktail aus Früchten, grünen Blättern, Salaten und Kräutern, mit etwas Wasser gemixt. Ihr Buch »Green for Life. Grüne Smoothies nach der Boutenko-Methode« wurde ein internationaler Bestseller und in 26 Sprachen übersetzt.

Die besten Chlorophyll-Quellen

Alle grünen Gemüse- und Obstsorten, Blätter, Salate etc., wie sie in unserem Rezeptteil (Seite 61) vorkommen, sind chlorophyllhaltig. Darunter befinden sich ein paar Spitzenreiter, die alles toppen und auf die deshalb im Folgenden besonders eingegangen werden soll.

Weizengras – Vitalspender

Weizengras nennt man die jungen Halme, die aus gekeimten Weizenkörnern emporwachsen. Man erntet sie, wenn sie eine Höhe von etwa zehn Zentimetern erreicht haben. Zu Smoothies oder Saft verarbeitet sind sie ein idealer Powerdrink für zwischendurch – reich an Antioxidanzien, sekundären Pflanzenstoffen, Vitaminen und Mineralstoffen. Vor allem aber enthält Weizengras die volle Ladung Chlorophyll, nämlich rund 70 Prozent! Besonders dieser Inhaltsstoff macht die grünen Halme zu einem guten entzündungs- und sogar krebshemmenden Mittel. Auch das Blutbild verbessert sich durch regelmäßigen Genuss. Das wussten schon die alten Chinesen, die Grassäfte als blutreinigendes und stärkendes Mittel verordneten. Die Indianer Mittelamerikas kannten die heilenden Eigenschaften ebenfalls und nutzten Weizengrassaft zur Wundheilung und Entgiftung. Beachtenswert dabei: Die jungen Halme sind frei von Gluten und bergen kein Allergiepotenzial.

Der aus Neuseeland stammende und später in die USA emigrierte Forscher Dr. George Earp-Thomas entdeckte über 100 verschiedene Wirkstoffe im Weizengras und kam zu dem Schluss, dass dieses Gras alles an Vitalstoffen bietet, was der Körper für seine Gesundheit braucht. Leider wurden viele seine Erkenntnisse und Aufzeichnungen durch den Zweiten Weltkrieg und den sich anschließenden Siegeszug der Pharmaindustrie zerstört. So sollen u. a. wichtige Unterlagen für einen »Anti-Krebs-Trunk« einem Laborbrand zum Opfer gefallen sein.

Weizengrassaft enthält eine Fülle wichtiger Vitamine wie A, B_1, B_2, B_3, B_6 und B_{12}. Außerdem C, D, E, H (Biotin), K, Folsäure und Pantothensäure. Auch Mineralstoffe und Spu-

Turbo für die Zellen

Weizengras-Smoothie

geht schnell

Für 2 Portionen

5 Min.

200 g Weizengras • 1 mittelgroße Banane • 1 Msp. Camu-Camu • 250 ml stilles Wasser

- Das Weizengras waschen, klein schneiden.

- Die Banane schälen, in Stücke schneiden. Camu-Camu und Wasser dazugeben und mit dem Mixer gut durchpürieren.

- In zwei 0,2-l-Gläser füllen und sofort trinken.

Tipp Dieser Smoothie lässt sich auch mit getrocknetem Weizengraspulver herstellen.

renelemente sind in den grünen Halmen reichlich enthalten, unter anderem Eisen, Jod, Kalium, Kalzium, Kobalt, Kupfer, Magnesium, Mangan, Natrium, Phosphor, Schwefel, Selen und Zink. Darüber hinaus enthält Weizengras alle lebenswichtigen Aminosäuren.

Ann Wigmore – Life Change mit Weizengrassaft

Mit Weizengrassaft ist ein Name ganz besonders verknüpft, der von Dr. Ann Wigmore. Die 1909 in Litauen geborene und später nach Amerika ausgewanderte Ärztin erkrankte im Alter von 52 Jahren an Darmkrebs. Sie erinnerte sich an ihre Großmutter, die frisch gepressten Weizengrassaft als Mittel gegen allerlei Beschwerden nutzte. Ann Wigmore trank täglich frischen Weizengrassaft und stellte ihre Ernährung auf Rohkost um – sie wurde völlig gesund. In den folgenden gut 30 Lebensjahren gründete sie mehrere Gesundheitsinstitute, darunter das berühmte Hippocrates Health Institute in Palm Beach, Florida. Sie entwickelte u. a. ein dreiwöchiges »Life Change Program« zur Entgiftung, Stärkung und Vitalisierung. Neben frisch gepressten Säften, Sprossen, Algen und vielen Gerichten mit pflanzlicher Kost enthält es auch ein umfangreiches Bewegungs- und Wellnessprogramm. Gesundheitsreisen ins Hippocrates Health Institute finden Interessierte übrigens im Internet.

»Chlorophyll«, so sagte Ann Wigmore einmal, »wird im kommenden erleuchteten Zeitalter das Hauptprotein sein. In frisch zubereiteten Getränken enthält es kondensierten Sonnenschein und den für die Wiederbelebung des Körpers erforderlichen elektrischen Strom und es wird Teile des Gehirns erschließen, von denen der Mensch heute noch nichts weiß.«

Gerstengras – das beste Nahrungsmittel der Erde

Grün ist auch die Farbe von Gerstengras, den jungen Blättern der Gerstenpflanze. Es soll die Wirkung des Weizengrases noch übertreffen. Dank der Studien des japanischen Forschers und Pharmakologen Dr. Yoshihide Hagiwara, die dieser bereits vor vier Jahrzehnten anstellte, ist die chlorophyllhaltige Pflanze bestens erforscht. Dr. Hagiwara fand heraus, dass Gerstengras mehr Vitamine, Mineralien, Spurenlemente, Chlorophyll, Enzyme, Antioxidanzien und Bioflavonoide enthält als jede andere Pflanze. Er nannte sie »das beste Nahrungsmittel der Erde«. Gerstengras besitzt die Fähigkeit, den Organismus zu entsäuern und zu entgiften. Es wirkt stark basisch und kann deshalb das Säure-Basen-Gleichgewicht des Organismus wiederherstellen.

Gerstengras enthält ein ganzes Füllhorn an Vital- und Nährstoffen, nämlich:

- Magnesium, Natrium, Phosphor, Kupfer, Schwefel, Chlor und Zink
- Eisen, Kalium und Kalzium
- Vitamin A, C, E, K und B-Vitamine, wie B_1 (Thiamin), B_2 (Riboflavin), B_3 (Niacin), B_6 (Pyridoxin) und B_{12} (das Nervenvitamin).
- Selen, Mangan, Chrom, Molybdän und Silizium
- alle lebenswichtigen Aminosäuren, sekundäre Pflanzenstoffe, ungesättigte Fettsäuren, Lipide und Serotonin – das Glückshormon, das für gute Laune sorgt

Klinische Studien mit Gerstengraspulver zeigen außerdem gesundheitsfördernde Wirkungen bei Diabetespatienten, wie beispielsweise eine Senkung des Nüchternblutzuckers nach der Einnahme des Pulvers. Zusätzlich sank nach zwei Monaten auch das

Fitness zum Löffeln mit B-Vitaminen, Vitamin D und E

Erbsensüppchen mit Crème fraîche

gelingt leicht
Für 2 Portionen
⏲ 20–25 Min.

- 1 Zwiebel
- 1 Knoblauchzehe
- etwas Butter
- 500 g Erbsen (TK)
- ½ l Gemüsebrühe
- 1 TL Gerstengraspulver
- Salz
- Pfeffer
- Muskatnuss
- 2 EL Crème fraîche

● Zwiebel und Knoblauch schälen, in kleine Würfel schneiden.

● Butter in der Pfanne zerlassen – zuerst die Zwiebel, dann den Knoblauch darin anschwitzen. Die Erbsen dazugeben und auf geringer Temperatur rund 5 Min. schmelzen.

● Die Gemüsebrühe einrühren und alles etwa 10 Min. köcheln lassen. Zum Schluss das Gerstengraspulver einrühren. Mit Salz, Pfeffer und Muskatnuss abschmecken.

● Die Suppe durch ein Sieb passieren. Auf zwei Tellern verteilen und jeweils 1 EL Crème fraîche obendraufsetzen.

Das passt dazu Ciabatta

Tipp Erbsen enthalten viel Eiweiß und B-Vitamine – zwei Fitmacher.

Gesamtcholesterin um gut fünf Prozent des Ausgangswerts.

Gerstengras schmeckt leicht nach Spinat. Es ist in Form von Saft, Pulver, Tabletten und Kapseln in Bio-Läden, Reformhäusern oder online erhältlich. Man kann Gerstengras und Weizengras auch leicht selbst auf der Fensterbank ziehen und hat damit auf jeden Fall den Frischevorteil. Dazu nimmt man einen leeren Blumentopf, den man über die Hälfte mit Erde auffüllt, legt dann die rohen Körner obenauf und bedeckt sie mit Erde. Nach vier bis sieben Tagen sprießen die Halme. Zu beachten ist lediglich, dass die Erde feucht gehalten werden und der Topf in der Sonne stehen sollte. Nach dem Schneiden wachsen die Halme übrigens noch ein- bis zweimal nach. Das Gleiche gilt natürlich auch für Weizengras.

Aloe Vera – die Königin der Grünpflanzen

Ohne zu übertreiben, kann man Aloe Vera als die vitalstoffreichste Pflanze der Welt bezeichnen. Ich war schon immer ein Fan dieses unscheinbaren und genügsamen Liliengewächses. Seitdem ich ein nahezu 100%iges Aloe-Vera-Gel entdeckt habe, bin ich es noch mehr. Seit vielen Jahren steht bei uns auch die Apotheke auf der Fensterbank – eine Aloe-Vera-Pflanze, die sich schon bei allerlei Beschwerden wie Insektenstichen, Wunden oder Sonnenbrand als hilfreich erwiesen hat.

Es gibt ungefähr 300 verschiedene Aloe-Vera-Arten, aber nur eine, die zum Jung- und Gesundbrunnen werden kann: die Aloe vera barbadensis miller, die »Echte«, wie sie auch genannt wird. Sie besitzt über 400 Vitalstoffe, rund 200 davon konnten bislang erforscht werden. Aloe Vera, die Wüstenlilie, stammt aus den subtropischen Regionen Afrikas, Asiens und Lateinamerikas. Sie bildet ihre Nährstoffe selbst und speichert das Wasser – in Dürreperioden oft monatelang. Aloe Vera wird heute in vielen Teilen der Welt gezüchtet, u.a. in Australien, Kuba, Venezuela, Haiti, Mexiko und in den USA – hier vor allem in Florida, Kalifornien und Texas. Nahrungsergänzungs- und Kosmetik-Produkte auf Aloe-Vera-Basis können mittlerweile in großer Auswahl und in hoher Qualität über das Internet bezogen werden.

Acemannan – Multitalent für die Gesundheit

Die Wirkstoffe der Aloe Vera sind im Blattinnern verborgen – im wirkstoffreichen Gel. Der Hauptwirkstoff ist das Acemannan, eine pflanzliche, langkettige Zuckerform und gleichzeitig ein lebensnotwendiges Kohlenhydrat für den Stoffwechsel. Der Mensch kann Acemannan nur bis zur Pubertät selber bilden. Acemannan – übrigens auch in Ginseng und Reishi-Pilz enthalten – wirkt gegen Pilze, Bakterien und Viren. Es besitzt die Fähigkeit, sich direkt in den Zellwänden des menschlichen Körpers einzulagern und so Heilungsprozesse zu unterstützen. Es stärkt die Abwehrkräfte, indem es die entsprechenden Abwehrzellen mobilisiert. So erhöht es unter anderem die für das Immunsystem zuständigen Zellen wie die T-Killerzellen, die Lymphozyten und die roten Blutzellen. Interessenten finden im Internet zahlreiche Erfahrungsberichte, die eine Verbesserung von Diabetes, Herzbeschwerden, Zahnfleischentzündungen, Krebserkrankungen und sogar Aids belegen.

Weitere wichtige Wirkstoffe der Aloe Vera sind zahlreiche lebenswichtige Vitamine, Mineralstoffe, Enzyme und Aminosäuren, ätherische Öle und die schmerzstillende Salicylsäure. Aloe-Vera-Gel in hoher Qualität bringt den Stoffwechsel in Gang, denn die natürlichen Seifenstoffe durchspülen buchstäblich den Darm und befreien die Darmzotten von Schlacken. Die Darmschleimhaut kann dadurch Vitalstoffe wieder besser aufnehmen, was auch zu einer insgesamt besseren Zellversorgung führt. Man fühlt sich nicht nur fitter und leistungsstärker, sondern ist es auch. Aloe-Vera-Gel gehört deshalb unbedingt als Nahrungsergänzungsmittel auf den täglichen Speiseplan. Man kann es pur trinken oder z. B. in Smoothies, Dressings und Gazpacho mischen.

Algen – Superfood mit Zukunft

Angesichts von Überbevölkerung und zunehmenden Hungerkatastrophen in der Dritten Welt bestehen schon seit einiger Zeit Überlegungen, mit Meeresalgen die Ernährung der ständig wachsenden Weltbevölkerung zu sichern. Für manche Länder wie Japan, China oder die Küstenbevölkerung Nord-, Mittel- und Südamerikas ist das schon heute keine Frage mehr. Auch in Frankreich und Irland sind Dulse (Lappentang), Meeresspaghetti und Meeressalat als hochwertige kulinarische Speisen beliebt. In Deutschland schätzt man vor allem die Nori-Alge als Ummantelung des Trendfoods Sushi. Algen sind übrigens auch in anderen Produkten enthalten, z. B. in Agar-Agar, der pflanzlichen Alternative zur Gelatine.

Der gesundheitliche Wert von Algen

Algen gehören zu den ältesten Lebewesen der Erde. Ihnen wird das Verdienst zugeschrieben, die einst giftige Uratmosphäre in eine sauerstoffreiche, bewohnbare Welt verwandelt zu haben. Und dies ist auch heute noch ihr größter Nutzen. Sie sind in der Lage, Umweltgifte abzubauen, können Schwermetalle aus dem Körper ausleiten, ihn entgiften und noch einiges mehr. So stellte eine Studie der Universität von Alabama (USA) fest, das beispielsweise Chlorella-Algen ein Reparaturenzym besitzen, das durch Sonnenlicht verursachte Hautschäden reparieren und Hautkrebs vorbeugen kann. Einen Glätteeffekt der Haut liefert Chlorella gratis dazu. Oder die Braunalge Wakame. Hier konnten japanische Forscher in Tierexperimenten nachweisen, dass sie Brustkrebszellen zum Absterben bringen kann. Algen spielen auch eine wichtige Rolle in Bezug auf die Augengesundheit, einen intakten Darm, niedrige Blutzucker- und Insulinwerte, einen ausgeglichenen Blutdruck und Cholesterinspiegel sowie für ein starkes Immunsystem. Nicht umsonst sind sie seit mehreren Tausend Jahren Bestandteil der Traditionellen Chinesischen Medizin.

Algen und ihre Vitalstoffe

Algen enthalten bis zu 70 Prozent Eiweiß mit allen essenziellen Aminosäuren. Sie sind daher ein ideales Nahrungsergänzungsmittel für alle Veganer und Vegetarier.

Spirulina: Die Blaualge enthält enorm viel Protein und alle wichtigen Aminosäuren; außerdem essenzielle Fettsäuren, Mineralstoffe, Spurenelemente und Vitamine und so gut wie kein Jod. Wie Chlorella kann auch Spirulina den Organismus von Giftstoffen befreien. Allerdings kann der Verzehr dieses Nahrungsergänzungsmittels mitunter zu Allergien führen. Deswegen ist es grundsätzlich wichtig, auf Bio-Produkte zu achten.

Wakame: Die würzig-aromatische Braunalge gilt in Japan nach Nori als wichtigste Speisealge. Sie enthält u. a. einfach und mehrfach ungesättigte Fettsäuren, eine Vielzahl an Vitaminen, Mineralstoffen und Spurenelementen sowie eine Extraportion Eiweiß. Außerdem Alginsäure, die zur Entgiftung und Reinigung des Darms beiträgt. Wakame sollte vor dem Verzehr eingeweicht werden. In Asiashops ist sie auch als Instantprodukt zum Einrühren in Suppen oder Salate erhältlich.

Dulse: Eine Rotalge, bei uns auch unter dem Namen »Lappentang« erhältlich, wird gerne als Snack in Suppen und Salaten verwendet. Sie kann ungekocht gegessen werden. Wie Nori enthält sie nur wenig Jod, aber viel Eisen, Fluor, Vitamin B_6 und B_{12}.

Meeressalat: Auch »Meereslattich« genannt. Die Grünalge enthält vor allem Magnesium, Kalzium, Vitamin A, Vitamin B_{12} und Vitamin C und eignet sich – wie der Name schon sagt – am besten als Salat.

Meeresspaghetti: Die Braunalgen sehen aus wie Spaghetti oder Tagliatelle. Sie haben nur wenig Jod, aber einen hohen Gehalt an Eisen, Kalium, Vitamin C, Ballaststoffen und Alginsäure. Sie sind vielseitig verwendbar, z. B. als frittierter Snack, in Spaghetti- und Reisgerichten oder als Beilage zu Fisch. Zuvor sollte man sie allerdings kurz einweichen.

Hijiki: Diese Braunalge wird in Japan wegen ihres hohen Mineralstoffgehalts, ihres Fisch-Aromas und ihrer leichten Süße besonders wertgeschätzt. Hijiki hat einen höheren Jodgehalt als die o. g. Algen und einen Kalziumgehalt, der zehnmal so hoch ist wie der von Milch. Auch Natrium, Kalium, Magnesium und Eisen sind reichlich enthalten. Hijiki muss vor der Zubereitung in Wasser eingeweicht werden. Sie wird für Suppen und Eintöpfe oder als Salat verwendet.

Chlorella: Die Süßwasser-Grünalge gibt es bei uns als Nahrungsergänzungsmittel. Sie hat einen überdurchschnittlich hohen Chlorophyllgehalt. Sie kann sich positiv auf Blutdruck und Cholesterinspiegel auswirken sowie zur Steigerung der Abwehrkraft und zu einer beschleunigten Wundheilung beitragen. Außerdem soll sie Schwermetalle wie Quecksilber aus dem Körper ausleiten können.

Nori: Die beliebte Rotalge kennt man vom Sushi. Sie ist in Plattenform erhältlich, wobei man die Platten auch zerkleinern und als Zugabe in Suppen oder Salate streuen kann. Nori enthält viel Vitamin B_{12} und Vitamin C, aber nur wenig Jod, was sie zu einem idealen Superfood für Menschen mit Jodempfindlichkeit macht. Nori muss vor dem Verzehr weder gewaschen noch gekocht werden.

Weitere Superfoods

Neben den bereits genannten gibt es noch eine ganze Reihe weiterer gesunder Nahrungsmittel, die als pflanzliche Ergänzung den Speiseplan bereichern und für Wohlbefinden sorgen können. Hier eine kleine Auswahl.

Camu-Camu – Aphrodisiakum und Fatburner mit Vitamin C

Bei Vitamin C gibt es große Unterschiede. Besonders empfehlenswert: Camu-Camu, eine Beere, die in Aussehen, Form und Größe unserer heimischen Kirsche ähnelt. Keine Frucht hat mehr Vitamin C als sie. In einem halben Teelöffel, ca. 1,5 g, stecken 180 mg. Der von der Deutschen Gesellschaft für Ernährung empfohlene Tagesbedarf an Vi-

Kraft aus dem Meer

Nori-Omelett

geht schnell

Für 2 Portionen

15 Min.

- 1 Noriblatt
- 1 TL Rapsöl
- 3–4 Eier
- Salz
- Pfeffer
- 1 TL Butter
- etwas Dill

- Das Noriblatt in heißem Öl kurz in der Pfanne rösten – herausnehmen, auf Küchenkrepp legen.
- Eier mit Salz und Pfeffer verquirlen und in einer Pfanne mit etwas Butter zu einem Omelett stocken lassen.
- Das Noriblatt auf das Omelett legen und das Omelett einschlagen. In der Mitte durchschneiden und auf zwei Teller verteilen.
- Dill waschen, klein schneiden und über die Omelett-Hälften streuen.

tamin C liegt bei 110 mg für Männer und 95 mg für Frauen. Im westlichen Amazonasgebiet (Peru und Brasilien), wo Camu-Camu beheimatet ist, werden Frucht und Saft vor allem als Aphrodisiakum geschätzt. Bei uns ist die Beere in Pulverform in Bio-Läden und Onlineshops erhältlich. Bereits eine kleine Menge in Wasser oder Smoothies aufgelöst, kann für mehr Vitalität und ein stärkeres Immunsystem sorgen. Vitamin C in dieser hoch konzentrierten Form kurbelt zudem die Fettverbrennung an. Wer abnehmen möchte, kann abends vor dem Schlafengehen einen halben Teelöffel Camu-Camu in Wasser aufgelöst trinken.

Acai-Beere

Die ebenfalls in Brasilien vorkommende Acai-Beere besitzt einen besonders hohen Anteil an Anthocyanen, eine Form von Antioxidanzien, die zellschützende Eigenschaften besitzen. Diese sollen die Bildung von freien Radikalen hemmen, die u. a. bei der Entwicklung von Krankheiten wie Diabetes und Arteriosklerose eine Rolle spielen. Das Immunsystem wird gestärkt und auch die Haut profitiert von der Acai-Beere. Auch als Kilo-Killer soll die dunkellila Beere aufgrund ihrer essenziellen Fettsäuren erfolgreich sein. Denn sie kurbelt den Stoffwechsel an. Da die Beere bereits 36 Stunden nach der Ernte verdirbt, ist sie hierzulande nicht frisch, sondern in Form von Pulver und Presslingen erhältlich.

Goji-Beeren

Die Heimat der Goji-Beere ist das fruchtbare Ningxia-Tal im Nordwesten Chinas, nahe an der Grenze zur Mongolei. In der Traditionellen Chinesischen Medizin spielt Goji schon seit Jahrtausenden eine wichtige Rolle. Die Chinesen sagen: »Die Beere nährt und stärkt die Lebenskraft des Körpers, sie erneuert den Zufluss an Körperflüssigkeiten, beruhigt den Geist, erfrischt und regeneriert die Haut und die Augen.« Aufgrund ihres außerordentlich hohen Gehalts an Vitaminen, Mineralstoffen und essenziellen Fettsäuren gehört der rote Diamant, wie Goji auch genannt wird, zu den absoluten Superfoods. Zahlreiche Studien belegen, dass sie die Immunkraft steigern, die Sehkraft verbessern, die Cholesterin- und Blutzuckerwerte senken, die Denkkraft fördern und das Herz stärken kann. Allerdings besitzt sie einen relativ hohen Zuckeranteil. Goji-Beeren passen gut zu Salaten und Smoothies.

Cranberry

Die aus Amerika und Kanada stammende Cranberry (Moosbeere) hat sich bei uns vor allem als Therapeutikum gegen Blasenentzündungen einen Namen gemacht. Die rote Beere ist in der Lage, die Schleimhautzellen von Harnröhre und Blase vor schädlichen Einflüssen zu schützen und die Zellwände zu stärken.

Mittlerweile hat man erkannt, dass die Cranberry auch sonst ein absolutes Superfood ist. Ihr Wirkstoffspektrum reicht von wichtigen Vitaminen und Mineralstoffen über sekundäre Pflanzenstoffe bis hin zu antibakteriellen Wirkstoffen. Verschiedene Studien konnten unter anderem positive Effekte auf das Gefäß- und Herz-Kreislauf-System nachweisen. Auch die Nebenbeschwerden bei Prostataerkrankungen wie häufigen Harndrang soll die rote Beere deutlich mildern können. Ein weiterer positiver Nebeneffekt: Die Mund- und Zahnhygiene verbessert sich während des Kauens.

Chlorophyll-Vitamin-Cocktail

Wildkräutersalat

gelingt leicht

Für 2 Portionen

15 Min.

250 g Wildkräuterblätter (z. B. Löwenzahn, Brennnessel, Giersch, Sauerampfer) • 2 Eier (hart gekocht) • 3–4 EL Rapsöl • 1 EL Balsamessig • 1 EL Ahornsirup • 1 Msp. Camu-Camu • ein paar Goji-Beeren • Salz • Pfeffer • Gänseblümchen zum Verzieren

- Die Wildkräuter gut waschen und trocken tupfen. Die Eier schälen und halbieren.

- Aus Öl, Essig und Ahornsirup, Camu-Camu, Goji-Beeren, Salz und Pfeffer ein Dressing herstellen.

- Die Wildkräuter auf zwei Tellern anrichten, mit dem Dressing beträufeln. Mit den halbierten Eiern und Gänseblümchen dekorieren.

Das passt dazu Gebackener Schafskäse

Tipp Gänseblümchen sehen nicht nur hübsch aus, sie sind auch essbar.

Cranberrys kann man in Salate und Smoothies mischen oder auch einfach pur naschen.

Chia-Samen

Die kleinen dunklen Samen aus Mexiko sind reich an Eiweiß, Kalzium, Kalium, Zink, Vitamin B_3 und Ballaststoffen. Besonders hervorzuheben ist der hohe Gehalt an wertvollen Omega-3-Fettsäuren, der bei rund 18 Prozent liegt. Diese gehören zu den essenziellen Fettsäuren, die der Körper nicht selbst herstellen kann und die ihm deshalb zugeführt werden müssen. Omega-3-Fettsäuren spielen u. a. eine wichtige Rolle für die Produktion von Hormonen und für den Zellstoffwechsel. Sie dienen den Gelenken als Schmiere und schützen vor Entzündungen, versorgen die Haut mit Feuchtigkeit, stärken die körpereigenen Abwehrzellen und das Immunsystem.

Aufgrund ihrer Quellfähigkeit eignen sich Chia-Samen zum Andicken von Speisen wie Saucen oder Pudding. Auch zu Salaten, Smoothies und Joghurt passen sie gut.

Leinsamen

Noch mehr Omega-3-Fettsäuren als Chia-Samen weist nur noch Leinsamen mit einem Anteil von ca. 20 Prozent auf. Allerdings ist Leinsamen mit rund 40 Prozent Fett auch sehr ölhaltig und hat weitaus mehr Kalorien als Chia-Samen. Die Wirkstoffe von Leinsamen befinden sich in der Schale. Diese enthält neben den Omega-3-Fettsäuren vor allem Schleimstoffe, Ballaststoffe, Eiweiß, Linol- und Linolensäure. Während die Schleimstoffe im Darm als Quellmittel dienen und die Verdauung anregen, wirkt der hohe Ölanteil wie Schmiere, die den Weitertransport des Darminhalts anregt. Allerdings nur, wenn man dazu ausreichend Wasser zu sich nimmt, andernfalls kann es sogar zu Verstopfung kommen.

Hanfsamen

Auch der Samen des Hanfs hat einen positiven Einfluss auf die Gesundheit und gilt seit einiger Zeit als Superfood. Hervorzuheben ist vor allem sein immens hoher Anteil an Eiweiß, was ihn bei Veganern zu einem beliebten Nahrungsergänzungsmittel macht. In 100 g Hanfsamen sind ca. 22 Prozent Eiweiß enthalten. Außerdem ist er reich an Vitaminen, vor allem B_2. Dieses ist unter anderem wichtig für den Muskelaufbau, eine intakte Schilddrüsenfunktion, eine schöne Haut sowie eine gute Sehkraft. Weitere wichtige Vitalstoffe im Hanfsamen sind Mineralstoffe, ungesättigte Fettsäuren und essenzielle Aminosäuren. Dank seiner entzündungshemmenden Wirkung hilft Hanfsamen auch bei Gelenkbeschwerden und Arthritis. Hanfsamen kann man wie Chia- und Leinsamen in Smoothies, Joghurts und Salaten verwenden.

Kokosnussprodukte

Kokosöl, Kokoswasser, Kokoschips und Kokosflocken sind in den letzten Jahren zum absoluten Hype geworden. Für den Durchbruch sorgte vor rund zehn Jahren der US-Arzt und Ernährungsberater Dr. Bruce Fife. Seine Forschungen und Veröffentlichungen zum Thema ließen die ganze Welt aufhorchen. Bahnbrechend waren in diesem Zusammenhang vor allem seine Erkenntnisse zur erfolgreichen Behandlung von Alzheimer und Demenz. In Colorado (USA) leitet der »Kokosöl-Papst«, wie Bruce Fife genannt wird, ein Kokosnuss-Forschungszentrum.

Betacarotin plus Eisen

Zucchini-Käse-Bratlinge

gelingt leicht

Für 2 Portionen

40 Min.

2 Zucchini • 2 Kartoffeln (mehlig) • 50 g Emmentaler • 1 Semmel vom Vortag • 1 EL gehackte Petersilie • 1 EL gehacktes Schnittlauch • 1 TL Chia-Samen • 1 Ei • Salz • Pfeffer • Muskatnuss • evtl. etwas Mehl • 2 EL Sonnenblumenöl

- Die Zucchini waschen, halbieren und mit einer Küchenreibe grob raspeln. Kartoffeln schälen, kochen und mit einer Gabel zerdrücken.
- Käse und Semmel in kleine Würfel schneiden.
- Alles in eine Schüssel geben und mit den Kräutern, Chia-Samen und dem Ei vermischen. Ein paar Minuten ruhen lassen, damit die Semmel gut durchfeuchtet wird.
- Mit Salz, Pfeffer und Muskatnuss würzen, evtl. mit etwas Mehl binden.
- Aus dem Teig Bratlinge formen und in der Pfanne mit Sonnenblumenöl von beiden Seiten braten.

Das passt dazu Wildkräutersalat (Seite 25) und Baguette

Kokosöl
Kokosöl enthält die wertvollen Omega-3-Fettsäuren. Im Unterschied zu anderen schonend gepressten Pflanzenfetten und Ölen entstehen beim Kokosöl selbst bei starker Hitze keine gesundheitsschädlichen Transfette. In Kokosöl kann man daher hoch erhitzbare Nahrungsmittel wie beispielsweise Pommes backen, ohne dass das Öl verbrennt. Kokosöl enthält kein Cholesterin.

Der wichtigste Bestandteil im Kokosöl sind Laurin- und Caprinsäuren, die antibakterielle und antivirale Eigenschaften haben. Dadurch ist Kokosöl in der Lage, das Immunsystem zu stärken und Krankheiten abzuwehren. Das Öl soll Infektionen verhindern, vor Umweltgiften schützen und den Blutzuckerspiegel im Gleichgewicht halten können. Für Bruce Fife ist Kokosnussöl das Brainfood schlechthin. In der Leber wird nämlich ein Teil der Fettsäuren zu sogenannten Ketonen umgewandelt – dem Superbrennstoff fürs Gehirn. Auch der Vitalstoffgehalt in Kokosnüssen ist sehr hoch. Enthalten sind u. a. alle B-Vitamine, Vitamin E, viele Mineralien und Spurenelemente sowie alle lebensnotwendigen Aminosäuren. Davon profitiert nicht nur das Immunsystem. Auch Haut und Haare können wieder strahlen.

Kokosöl ist zudem leicht verdaulich und kann bei einer Gewichtsreduktion unterstützend wirken. Die nussig-exotische Note gibt Speisen wie Salaten, Suppen, Saucen oder auch Dips das gewisse Etwas. Auch Reis- und Nudelgerichte werden geschmacklich aufgewertet. Beim Kauf sollte man darauf achten, dass das Öl aus biologischem Anbau stammt, die reifen Früchte kurz nach der Ernte gepresst wurden und der Zusatz »nativ« auf dem Etikett steht.

Kokoswasser
Kokoswasser gilt als gesunder Durstlöscher, der hierzulande längst die Supermarktregale erobert hat. Kokoswasser ist von Natur aus isotonisch, d. h., es weist die gleiche Konzentration an Mineralstoffen auf wie das menschliche Blut. Es eignet sich daher auch sehr gut als Energiekick für Sportler. Beim Kokoswasser handelt es sich um die klare Flüssigkeit der grünen, noch unreifen Kokosnuss. Ganz im Unterschied zur reifen Kokosnuss, die die schmackhafte, aber fettreiche Milch enthält. Kokoswasser besteht zu 90 Prozent aus Wasser und hat nur wenig Fett und Kohlenhydrate. 100 ml Kokoswasser haben ca. 24 Kalorien. Weitere wichtige Inhaltsstoffe sind B-Vitamine, Vitamin C und Folsäure. Außerdem zahlreiche Mineralstoffe und Spurenelemente.

Kokoschips und Kokosflocken
Kokoschips und Kokosflocken werden aus dem weißen Fruchtfleisch der reifen Kokosnuss gewonnen. Beide kann man prima zum gesunden Süßen von Speisen und Getränken wie Smoothies verwenden.

Gesund süßen

Wir sind es gewohnt, viele Speisen mit Zucker zu süßen. Ob das die Tomatensauce ist oder der Salat, der Kuchen oder das Dessert. Tatsächlich schmecken so manche Speisen ungesüßt viel besser und dort, wo es nötig ist, gibt es reichlich gesunde Alternativen.

Agavendicksaft
Die aus der mexikanischen Agave gewonnene Flüssigkeit besitzt einen niedrigen glykämischen Index (= nach Verzehr geringer Zuckeranstieg im Blut), ist leicht verdaulich

Erfrischend mit B_6 + Kalium

Kiwi-Bananen-Kaltschale

geht schnell
Für 2 Portionen
⏲ 5 Min.

2 Bananen • 2 Kiwis • ½ l Kokoswasser (gekühlt)

- Bananen und Kiwis schälen – Bananen in Scheiben, Kiwis in kleine Stücke schneiden.

- Mit Kokoswasser mixen und auf zwei tiefe Teller verteilen. Kalt genießen!

und gut für Diabetiker geeignet. Agavendicksaft hat deutlich weniger Kalorien und Kohlenhydrate als Zucker, schmeckt dafür aber doppelt so süß, weswegen man auch nur wenig davon benötigt.

Ahornsirup

Der eingedickte Saft kanadischer Ahornbäume schmeckt zuckersüß, sein glykämischer Index ist nicht so vorteilhaft wie der des Agavendicksafts. Hervorzuheben sind aber viele gesundheitsfördernde Inhaltsstoffe wie Vitamin B und eine Reihe wichtiger Mineralien. Studien zeigen, dass die goldene Flüssigkeit außerdem – ähnlich wie Honig – antiseptische, also entzündungshemmende Eigenschaften besitzt. Wichtig: Ahornsaft wird mitunter mit Zuckerwasser verdünnt. Beim Kauf sollte man daher auf hochwertige Bio-Marken achten, die 100 Prozent reinen Ahornsirup garantieren.

Birkenzucker

Birkenzucker (Xylitol) sieht aus wie Haushaltszucker und schmeckt auch so. Doch im Unterschied zu Zucker konnte man in Studien wohltuende Wirkungen auf den menschlichen Organismus nachweisen. Der Zuckeraustauschstoff hat 40 Prozent weniger Kalorien als Zucker und einen niedrigen glykämischen Index. Er unterstützt die Verdauung, mindert das Hungergefühl, soll Karies vorbeugen und Mundgeruch vermindern.

Dattelsirup

In orientalischen Ländern wird der süße Dattelsirup seit Jahrhunderten hoch geschätzt. Seine antibakterielle und antibio-

Omega-3- und Omega-6-Fettsäuren

Omega-3-Fettsäuren spielen eine Rolle für Hirnaufbau und Gehirnfunktion, beim Vorbeugen von Entzündungen und für einen stabilen Blutdruck. Studien haben gezeigt, dass sie außerdem in der Krebstherapie und zur Behandlung von Depressionen einiges bewirken können.
Omega-3-haltige Nahrungsmittel sind z. B. Lachs, Sardinen, Makrelen, Meeresalgen, Rindfleisch, Leinöl, Chia-Samen, Leinsamen und Walnüsse.
Omega-6-Fettsäuren sind am Zellaufbau beteiligt und wichtig für Wachstum, Wundheilung und Infektionsabwehr. Omega 6 ist in vielen Ölen wie Distelöl, Sonnenblumenöl und Olivenöl sowie in Walnüssen enthalten, aber auch in Süßigkeiten und Frittiertem.
Problematisch ist heute das Verhältnis von Omega-3- zu Omega-6-Fettsäuren, die wir mit der Nahrung aufnehmen. Omega-6 wird meist überproportional konsumiert, während an Omega-3-Fettsäuren bei vielen Menschen ein Mangel herrscht. Wie neuere Forschungen zeigen, betrug das Verhältnis von Omega 3 zu Omega 6 in der Steinzeit noch 1 : 1. Heute liegt es bei 1 : 20–25. Als gesunde Faustegel gilt dagegen ein Wert von 1 : 3–4. Forscher glauben, dass viele Zivilisationskrankheiten bis hin zu Krebs und Alzheimer auf dieses Ungleichgewicht in unserer Nahrung zurückzuführen sind.

tische Wirkung soll die von Honig noch übertreffen. In Maßen als natürliches Süßungsmittel eine gute Alternative zu Zucker.

Honig

Bienenhonig besitzt bekanntermaßen ein großes Spektrum heilender Eigenschaften. Er wirkt u. a. antibakteriell, antimykotisch und antioxidativ. Eigenschaften also, die das Immunsystem stärken und bei Erkältungen, Hautproblemen oder Magen-Darm-Beschwerden wirksam sein können. Der Nachteil: Honig besteht zu 80 Prozent aus Zucker, hat einen hohen glykämischen Index (bewirkt einen starken Zuckeranstieg im Blut) und ist für Diabetiker nicht geeignet.

Kokosblütenzucker

Kokosblütenzucker – aus dem Nektar der Kokospalme hergestellt – ist die trendy Alternative mit superniedrigem glykämischem Index. Es kommt zu einer langsamen Energieausschüttung, die zufriedenstellt und zu keinen Zuckerhochs und -tiefs führt. Ideal für Diabetiker und alle, die ihr Gewicht reduzieren möchten. Kokoszucker enthält zudem viele gesunde Nährstoffe wie Kalium, Magnesium Eisen, Bor, Zink, Schwefel und Kupfer.

Stevia

Der Extrakt der gleichnamigen Pflanze aus Südamerika hat null Zucker und null Kalorien. Und gleich mehrere gesundheitliche Vorteile: Stevia reguliert den Blutzuckerspiegel, schützt die Zähne vor Karies und soll den Blutdruck senken. Da Stevia aber überdurchschnittlich süß schmeckt, empfiehlt sich eine sehr sparsame Dosierung.

Grüne Lebensmittel – was man beachten sollte

Jetzt haben wir viel über Chlorophyll und Superfoods geredet. Fairerweise muss man einräumen, dass nicht alle grünen Lebensmittel für alle Menschen gleich gut geeignet sind. Die im Folgenden aufgeführten Gemüsesorten kommen auch in unseren Rezepten vor. Deshalb möchten wir der Vollständigkeit halber darauf hinweisen, für welche Personen sie weniger oder gar nicht geeignet sind.

Avocado

Avocados liefern viel Vitamin E (Radikalenfänger) und Kalium, welches hilft, den Blutdruck und Herzschlag zu normalisieren. Außerdem Vitamin C, die Vitamine B_6, das wichtig für ein gesundes Nervensystem ist, und B_2 (wichtig für die Umwandlung von Nahrung in Energie). Die Butterfrucht hat einen angenehm nussigen Geschmack und einen hohen Gehalt an einfach ungesättigten Fettsäuren, die für einen ausgeglichenen Cholesterinspiegel sorgen.

Wichtig: Im Durchschnitt kann man pro Frucht mit 400 Kalorien rechnen, was für Menschen, die auf ihr Gewicht achten müssen, nicht gerade wenig ist. Für Diabetiker ist die Frucht ebenfalls nicht geeignet. Denn die enthaltene Mannoheptulose hemmt die Insulinausschüttung und erhöht das Risiko für einen starken Blutzuckeranstieg.

Bärlauch

Bärlauch enthält schwefelartige ätherische Öle, was sich wohltuend auf Atemwege und Blutgefäße auswirkt. Außerdem Senfölglykoside, Vitamin C und Mineralien, hier vor allem Eisen.

Wichtig: Während der Schwangerschaft sollte er nur in kleinen Mengen verzehrt werden, da er im Verdacht steht, Krämpfe bzw. Frühgeburten auszulösen. Ebenso ist er während der Stillzeit tabu, da seine Öle beim Säugling Blähungen verursachen können.

Grüne Bohnen

Bohnen enthalten hochwertiges Eiweiß (gut für Vegetarier), Vitamin C und viele B-Vitamine. Außerdem Folsäure, Zink, Kalium, Kalzium, Magnesium und Eisen. Sie wirken sättigend, können einen hohen Blutzuckerspiegel senken und vor Herzkrankheiten schützen.

Wichtig: Bei Menschen mit empfindlicher Verdauung können Bohnen Blähungen verursachen und schwer im Magen liegen.

Grüner Spargel

Grüner Spargel ist aufgrund seines Chlorophyll-Gehalts gesünder als weißer Spargel. Er enthält viele Vitamine, vor allem Vitamin C, E und K, außerdem Biotin, Betacarotin und Folsäure. Daneben wichtige Mineralstoffe wie Kalium, Magnesium, Phosphor und Eisen. Der Spargel hat eine harntreibende und leicht entwässernde Wirkung. In der Volksmedizin galt Spargel als Stärkungsmittel für die Nerven. Außerdem soll er den Sexualtrieb stärken.

Wichtig: Gicht- und Arthrose-Patienten sollten mit Spargel vorsichtig sein. Denn die weiß-grünen Stangen sind reich an Purinen, die im Körper zu Harnkristallen abgebaut werden. Diese können sich in den Gelenken ansammeln und Schmerzen verursachen. Speziell grüner Spargel kann bei manchen Menschen allergische Reaktionen auslösen, wie Reizungen von Nase, Atemwegen und Augen.

Fenchel

Fenchel als Gemüse oder Salatzutat enthält die Vitamin-A-Vorstufe Betacarotin (wirkt als Radikalenfänger, reguliert das Zellwachstum) und Folsäure. Mit nur 12 Kalorien pro 100 g ist Fenchel sehr energiearm und günstig bei Gewichtsproblemen. Fencheltee (aus den Samen) hilft bei Verdauungsbeschwerden wie Blähungen, Koliken und Verstopfung.

Wichtig: Fenchel weist mitunter wie Spinat (Seite 34) Nitrat-Rückstände auf, was zu einer Behinderung des Sauerstofftransports im Blut führt. Das ätherische Öl im Fenchel kann in seltenen Fällen zu Krämpfen, Erbrechen und Atembeschwerden führen.

Lauch

Lauch enthält besonders viel Vitamin C und K (wichtig für Knochenbildung und Blutgerinnung) und Folsäure. Außerdem die Mineralstoffe Kalium, Kalzium, Magnesium, Eisen und das Spurenelement Mangan (wichtig für Knochen, Knorpel- und Bindegewebe). Lauch soll bei einer Entschlackung unterstützend wirken. Denn das Gemüse regt die Nierentätigkeit an und wirkt der Bildung von Nierensteinen entgegen. Auch die Verdauung wird aktiviert.

Wichtig: Lauch kann Blähungen verursachen und bei empfindlichen Menschen sogar eine akute Hautentzündung (Kontaktdermatitis) durch Berührung auslösen.

Chlorophyllreich

Gemüsesalat

gelingt leicht

Für 2 Portionen

30 Min.

½ Bund grüner Spargel • 1 Zucchini • 4 Brokkoliröschen • Salz • 1 Zwiebel • 3 EL Rapsöl • Saft von 1 Limette • Pfeffer • 1–2 EL Pinienkerne

- Das Gemüse putzen und waschen.
- Den Spargel von unten bis zur Mitte schälen und in fingerdicke Stücke schneiden. Zucchini in Scheiben schneiden.
- Den Spargel in etwas Salzwasser etwa 15 Min. dünsten.
- In einem zweiten Topf Brokkoliröschen und Zucchinischeiben für etwa 5 Min. in Salzwasser kochen.
- Das gesamte Gemüse abgießen und in eiskaltem Wasser abschrecken. Die Zwiebel schälen und in Würfel schneiden.
- In einer Salatschüssel Öl und Limettensaft verrühren, die Zwiebelwürfel und das gegarte Gemüse dazugeben. Umrühren, mit Salz und Pfeffer abschmecken und mit Pinienkernen bestreuen.

Mangold

Mangold enthält viele Vitamine, unter anderem K, C und E. Außerdem Betacarotin, Eiweiß sowie die Mineralstoffe Kalium, Kalzium, Eisen, Magnesium und Natrium. Auch Bitterstoffe sind in den grünen Blättern der Rübenpflanze enthalten.

Wichtig: Mangold enthält viel Oxalsäure, die die Bildung von Nierensteinen begünstigt.

Rosenkohl

Rosenkohl liefert Vitamin C und Betacarotin. Er enthält außerdem Ballaststoffe und Antioxidanzien sowie Folsäure – Wirkstoffe, die vor Magen- und Dickdarmkrebs schützen sollen.

Wichtig: Wie andere Kohlsorten kann auch Rosenkohl bei empfindlichem Magen Verdauungsprobleme und Blähungen verursachen.

Spinat

Spinat ist reich an Mineralstoffen, wie Magnesium, Kalium, Kalzium sowie den Spurenelementen Zink und Mangan. Außerdem enthält er mit 50 mg/100 g eine große Portion Vitamin C. Dass Spinat allerdings viel Eisen haben soll, ist eine Mär. Er hat sogar ausgesprochen wenig Eisen, nämlich nur 4 mg/100 g, Tiefkühlspinat sogar nur 2 mg/100 g.

Wichtig: Spinat weist relativ viel Oxalsäure auf und Nitrat. Oxalsäure kann bei dafür anfälligen Menschen zu Nierensteinen führen sowie Gelenkbeschwerden und Arthritis begünstigen und verschlimmern. Nitrat wandelt sich im Speichel und Magen zu giftigem Nitrit. In Kombination mit Eiweißstoffen kommt es zur Bildung von Nitrosaminen. Diese wiederum stehen in Verdacht, krebserregend zu sein.

Staudensellerie

Staudensellerie ist ausgesprochen kalorienarm: In 100 g sind nur 7 Kalorien enthalten. Das Gemüse besitzt außerdem Wirkstoffe, die den Blutdruck senken und Entzündungen hemmen, beispielsweise bei Gichtbeschwerden.

Wichtig: Staudensellerie gehört zu den Gemüsesorten, in denen sich besonders hohe Mengen Nitrat ansammeln.

Weinblätter

Weinblätter enthalten reichlich Eiweiß, Ballaststoffe und Flavanoide. Auch die Vitamine E und K sowie Folsäure, Kalzium, Kalium und Magnesium sind in den Blättern enthalten.

Wichtig: Weinblätter können bei empfindlichen Menschen zu Übelkeit und Magen-Darm-Beschwerden führen.

Wirsing

Wirsing enthält reichlich Senfölglykoside, die antibakteriell und entzündungshemmend wirken. Außerdem viel Vitamin C, Eiweiß und ungesättigte Fettsäuren.

Wichtig: Leider können die Senfölglykoside bei empfindlichen Menschen zu Allergien und Blähungen führen.

Zellnahrung – alles dreht sich um die Gesundheit der Zellen

Geht es um gesunde Ernährung, dann kommt man an dem Begriff der »Zellnahrung« nicht vorbei. Ob Übersäuerung, Giftstoffe, Schwermetalle, genmutiertes oder bestrahltes Essen – ständig sind unsere Zellen damit beschäftigt, den Körper gesund zu erhalten und alles Schädliche herauszufiltern. Eine ungesunde Lebensweise und Fast-Food-Ernährung stressen den Organismus und machen ihn früher oder später regelrecht fertig. Es beginnt damit, dass die Zellen ihre Arbeit immer weniger ausführen können. In der Folge kommt es zu Unstimmigkeiten im Organismus, die sich in Form von Müdigkeit und Antriebslosigkeit, schlechter Laune und schlechtem Schlaf äußern. Wer diese Anzeichen permanent ignoriert, kann irgendwann mit schwer oder gar nicht mehr kurierbaren »Zivilisationskrankheiten« rechnen.

Damit jede der rund 80 Billionen Körperzellen des Menschen ihre Aufgabe gut erfüllen kann, werden Nährstoffe und Sauerstoff auf dem Blutweg transportiert. Deswegen ist es so wichtig, den Körper mit Superfoods und chlorophyllhaltiger Nahrung – wie oben beschrieben – zu versorgen. Denn zur Erzeugung der Energie, die nötig ist, um Nährstoffe zu verarbeiten, benötigt der Körper Sauerstoff. Neben einer grünen Nahrung, also dem Sauerstoff von innen, ist auch die Versorgung mit Sauerstoff von außen, durch Spaziergänge und Bewegung an der frischen Luft, wichtig. Neben der Versorgung der Lungen mit O_2, dringt übrigens auch bei schlechtem Wetter jede Menge Licht über die Haut in den Körper und die Zellen.

Mitochondrien produzieren Lebensenergie

Aus der vom Körper aufgenommenen Nahrung und aus der Atmung produzieren Mitochondrien unentwegt Energie in Form von Adenosintriphoshat (ATP), ein Molekül, das Wissenschaftler als »Universalwährung des Lebens« bezeichnen. Faszinierend dabei ist, dass das ATP dem Körpergewicht eines Menschen entspricht. Bei einem Gewicht von 60 kg beispielsweise produzieren die Mitochondrien ebenfalls 60 kg ATP, bei 70 kg 70 kg ATP usw. Eine Besonderheit der Mitochondrien besteht auch darin, dass sie neben dem Zellkern, der die Erbsubstanz enthält, ein eigenes Genom, die ringförmige DNA, besitzen. Sind die Mitochondrien unserer Zellen defekt, so kann das fatale Folgen für die Gesundheit haben. Krankheiten wie Diabetes, Herzinsuffizienz, Alzheimer und Krebs haben nach neuesten Erkenntnissen ihre Ursache u. a. in defekten Mitochondrien.

Zellen erneuern sich

Die gute Nachricht: Alle Körperzellen erneuern sich regelmäßig in mehr oder weniger rascher Folge. So werden beispielsweise die weißen Blutkörperchen alle drei bis vier Tage neu gebildet, die roten Blutkörperchen alle vier Monate. Die Hautzellen erneuern sich alle zwei bis vier Wochen, während die Knochenzellen ständig auf- und abgebaut werden. Auch Teile unserer Gehirnzellen erneuern sich, wie man seit neuerer Zeit erst weiß. Nach sieben Jahren hat sich unser gesamter Körper einmal erneuert.

Damit gibt uns die Natur sozusagen regelmäßig die Chance, neu anzufangen. Es ist nie zu spät für eine Ernährungs- und Lebensumstellung!

Lumira – die Seele und den Geist nähren

»Wir haben nur einen Körper – ist er sauber, dann sind es auch unser Geist und unsere Seele.«

Ihre Lebensaufgabe sieht die Heilerin und Schamanin Lumira heute weniger darin, andere Menschen zu heilen, als ihnen den Weg zu weisen. Frei zu werden und im Einklang mit sich selbst zu leben ist auch der zentrale Angelpunkt ihrer Bücher, Seminare und Webinare. Einen besonderen Stellenwert nimmt dabei die Ernährung ein. Die gelernte Krankenschwester, seit vielen Jahren Veganerin, ist davon überzeugt, dass jeder Mensch durch die richtige Ernährung bis ins hohe Alter jung, vital, froh und gesund bleiben kann.

Nahrung, die krank macht – Nahrung, die heilt Jede Körperzelle ist mit dem Geist verbunden. »Die Ernährung«, so sagt Lumira, »beeinflusst den Geist zu 80 %!« Umgekehrt haben Emotionen Auswirkungen auf den Körper. Wenn wir z. B. sehr wütend sind, schaltet sich für eine gewisse Zeit das Immunsystem aus. Das macht uns naturgemäß anfälliger für Krankheiten. Alle Beschwerden sind nach Ansicht von Lumira Ernährungsbeschwerden. Wir hätten die Wahl: Wir könnten uns zu Tode essen oder aber durch Nahrung geheilt werden. Durch falsche Ernährung verlören wir unsere Selbstwahrnehmung, den Kontakt zu unserem inneren Selbst. Aber durch gesunde Ernährung erhielten wir den Schlüssel zur Selbsterkenntnis und die Chance, frei zu werden, und als der zu leben, der wir sind.

Viele Menschen behandeln ihren Körper wie einen Mülleimer, beklagt Lumira. Sie werfen einfach alles hinein. Dass das nicht guttut, wird z. B. durch Kopfschmerzen, unangenehmen Körpergeruch, verstärktes Schwitzen oder Blähungen deutlich. Je länger ein Mensch ungesund lebt, umso mehr wird er mit den Jahren zu einem »Roboter mit Austauschteilen«. Zähne und Gelenke werden ersetzt, die Augen können nur noch durch eine Brille sehen.

Für Lumira steht fest: Zu altern ist kein natürlicher Prozess, sondern eine Krankheit. Es ist nicht normal, dass bei vielen Menschen der Alterungsprozess bereits mit 25 bis 30 Jahren einsetzt. Wir altern, weil wir den Kontakt zu uns Selbst verloren haben. Durch gute Ernährung können wir dem jedoch bewusst etwas entgegensetzen.

Wie sieht die richtige Ernährung aus? Absolute Don'ts sind bei einer Ernährungsumstellung nach Lumira vor allem Kaffee, Milchprodukte, Backwaren, Fleisch und Alkohol. Beispielsweise Alkohol wirkt sich körperlich ähnlich aus wie Zorn. Er schwächt das Immunsystem. Milchprodukte verschlacken und verstopfen – auch auf der geistigen Ebene. Das macht sich unter anderem durch das Festhalten an alten Gewohnheiten bemerkbar. Kaffee, den jeder morgens gerne trinkt, ist nach Ansicht der Russin eines der größten Nervengifte. Backwaren schließlich enthalten Acrylamid, einen Stoff, der erwiesenermaßen krebserregend ist. Fleisch kann man hin und wieder mal essen; man sollte aber bedenken, dass der Körper vergleichsweise lange braucht, um die tierische Kost zu verarbeiten.

Gut ist alles, was den Körper durchspült und ihn mit frischer Energie versorgt. Hierzu zählen z. B. Vitalstoffe wie Gerstengras, Spirulina, Chlorella und Aloe Vera. Auch Wasser – ohne Fluor – reinigt den Körper, wenn man mindestens 2 l täglich trinkt. Zudem sollte es möglichst warm sein, d.h., nicht aus dem Kühlschrank kommen.

Auch Trennkost ist empfehlenswert, weil diese den Körper am wenigsten belastet. Ganz gleich, ob Rohkost oder »Kochkost«, Eiweiße und Kohlenhydrate sollten stets in separaten Mahlzeiten zu sich genommen werden. Auch beim Obstverzehr sollte man den Zeitpunkt beachten: Wichtig ist, dass es immer im Abstand von 2–3 Stunden zu den übrigen Mahlzeiten verspeist wird. So verhindert man, dass Fäulnisprozesse im Darm ausgelöst werden.

Lumiras Fazit: Durch bewusste, gesunde Ernährung können wir dem Verschleiß- und Alterungsprozess des Körpers ein Stopp entgegensetzen. Innerliche und äußerliche Körperreinigung sollte deshalb immer am Anfang einer Ernährungs- und Lebensumstellung stehen. Nur so lasse sich der Mülleimer säubern.

Lebendiges Wasser

Woran erkennt man gutes, energetisch hochwertiges Wasser? So viel sei verraten: Es kommt nicht nur auf die Quelle an!

Eine alte Bauernregel sagt: »Fließt das Wasser über 7 Stein, so wird's wieder rein.« Dass dies tatsächlich so ist, kann jeder erkennen, der sich an einen Bach stellt und das Fließen des Wassers über Stock und Stein beobachtet. Das Wasser wird gereinigt und belebt, ist glasklar.

Der österreichische Förster und Naturkundler Viktor Schauberger beschäftigte sich viel mit dem Element Wasser, nannte es das »Blut der Erde«. Er stellte fest: In der Natur gibt es keine geraden Linien. Zwingt man das Wasser in geradlinige Rohre, anstatt in Wendelrohren zu fließen, verliert es seine Trag- und Schleppkraft, wird schal und stirbt langsam ab. Unser Trinkwasser aus der Leitung durchläuft Bahnen, die mit dem natürlichen Wasserlauf eines Bachs nichts gemeinsam haben. Über lange Wege wird es unter hohem Druck durch kilometerlange Rohrleitungen gepumpt. Und das Wasser, das wir im Supermarkt kaufen? Es wird aus gesunden Brunnen geholt, für eine jahrelange Lagerung aufbereitet, industriell in kleine Flaschen abgefüllt und über lange Transportwege angeliefert.

Wasser ist aber nicht nur einfach H_2O, das aus einem Sauerstoff- und zwei Wasserstoff-Atomen besteht. Es hat auch eine eigene innere Energie, die von der Struktur und Größe seiner Molekülketten abhängt.

Wasser ist nicht gleich Wasser

Keine Frage – Wasser ist für unseren Stoffwechsel unentbehrlich. Nähr- und Vitalstoffe werden über die Körperflüssigkeiten zu den Zellen befördert und die Giftstoffe der Zellen werden über die Körperflüssigkeiten ausgeschieden.

Doch angesichts der Fülle an angebotenen Wässern kann man leicht die Orientierung verlieren. Zu welchem Wasser man letztlich greift, ist eine Frage des Geldbeutels und des Geschmacks. Interessanterweise haben in einer Untersuchung von Stiftung Warentest

aus dem Jahr 2017 nicht die teuren Markenwässer mit der Note »gut« abgeschnitten, sondern die preisgünstigen Marken wie »Gut & Günstig Vitaqua Quelle« (Edeka) und »Saskia« (Lidl).

Grundsätzlich sollte das Wasser, das wir täglich trinken, so lebendig und unserem Zellwasser so ähnlich wie nur irgend möglich sein. Denn dann kann es vom Körper optimal aufgenommen werden und als wahrer Jungbrunnen wirken, der als Löse- und Reinigungsmittel sämtliche Schadstoffe aus dem Körper schwemmt. Was man wissen sollte: Wasser besitzt grundsätzlich nur eine begrenzte Aufnahmefähigkeit. Das bedeutet, dass sowohl Mineralien als auch Schadstoffe das Wasser »sättigen«, d. h. vollmachen. Das lässt sich anhand des ppm-Werts messen. ppm steht für parts per million (= Teile pro Million) und gibt die Konzentration der im Wasser befindlichen Teile (Mineralien, Schadstoffe etc.) an. Trinken wir nun Wasser mit einem niedrigen ppm-Wert, dann beinhaltet dieses Wasser wenig oder gar keine Schadstoffe, aber eben auch keine Mineralstoffe. Ein solches Wasser, das man durch Destillation und Abkochen erhält, hat zwar einen Löse- und Reinigungscharakter und eignet sich deshalb gut für kurzfristige Entschlackungskuren. Für einen längerfristigen Gebrauch ist es jedoch nicht geeignet. Wasser, das nichts beinhaltet, wird im Übrigen auch schnell »sauer«.

Wir sind so jung wie unsere Zellen

Wie lange wir jung, gesund und geistig fit bleiben, ist nicht allein eine Frage des Alters, sondern hängt entscheidend davon ab, ob im Körper gute Bedingungen herrschen und die Zellen gut versorgt werden. An dieser Stelle soll noch einmal auf die Bedeutung der Mitochondrien, den Kraftwerken der Zellen, hingewiesen werden. Bei den Mitochondrien handelt es sich um kleine, eigenständige Zellorgane innerhalb einer Zelle. Nur durch sie kann die Zelle und damit der Mensch überhaupt erst existieren. Je nachdem, wie viel Energie eine Zelle benötigt, weisen manche Zellen mehr, andere weniger Mitochondrien auf. Um beispielsweise die Funktionsfähigkeit von Hirnzellen und Herzmuskelzellen sicherzustellen, ist eine Armee von 1 000 bis 2 000 Mitochondrien ständig im Einsatz. Ohne diese Arbeit wäre das Gehirn nicht funktionsfähig und das Herz würde nicht schlagen.

Wasser besitzt Energie

Seit den bahnbrechenden Wasserkristallforschungen und -fotografien des japanischen Arztes Dr. Masaru Emoto (1943–2014) wissen wir: Wasser besitzt Energie! Es ist beeinflussbar durch die Umwelt, durch den Boden und die Leitungen, durch die es fließt.

Aber auch durch gute und schlechte Gedanken, schöne und nervtötende Musik, liebevolle und hasserfüllte Wünsche und vieles mehr. Denn das Wasser reagiert auf die Schwingungen, die es umgeben, indem es sie speichert bzw. nachahmt. Und zwar ganz gleich, ob sie von einem Gegenstand ausgehen, von einem Lebewesen, einer Handlung oder einem Gedanken.

Gesundes Wasser bildet nach Masaru Emoto sechseckige Kristallstrukturen. Ungesundes Wasser tut dies nicht. Gesunde Strukturen weist beispielsweise reines Quellwasser auf, ebenso Wasser, das mit Liebe behandelt wurde. Viele Leitungswässer, Wasser aus umgekippten Seen oder Wasser, das man in die Mikrowelle stellt, sind dagegen nicht gesund. Es ist also für unser Wohlbefinden nicht unerheblich, welches Wasser wir für unseren täglichen Gebrauch nutzen.

Wasser aufwerten

Und es lassen sich daraus folgende Schlussfolgerungen ziehen: Grundsätzlich sollte Wasser so rein und belebend wie möglich sein. Außerdem sollte Wasser gute Informationen enthalten. Wer am Herd steht und kocht, sollte dies möglichst in Liebe und Achtsamkeit tun. Denn es spielt eine Rolle, ob man eine Mahlzeit unter Zeitdruck und Stress zubereitet (Wasser speichert Energie!) oder ob man seine ganze Aufmerksamkeit dem guten Gelingen widmet. Dessen sollte man sich immer bewusst sein, denn es gibt viele Möglichkeiten, Wasser aufzuwerten. Beispielsweise durch unbehandelte frische Kräuter, ein paar Rosenblätter oder Zitrusfrüchte, die man in die Wasserkaraffe streut. »Wasser lässt sich verändern. Es ist die stärkste Informationsquelle, die wir haben«, sagte Masaru Emoto einmal.

Wasser in guter Trinkqualität

Am besten für die Gesundheit ist belebtes Wasser wie reines Berg- oder Quellwasser, da es aus natürlichen, unterirdischen Quellen stammt und unbelastet von schädlichen Keimen ist. Idealerweise sollte es vor Ort gleich in Flaschen abgefüllt werden. Beim Kauf ist darauf zu achten, dass der Zusatz »aus Hochgebirgsquellen gewonnen« auf der Flasche steht. Auch der Ort und die Gebirgsquelle sollten auf dem Etikett vermerkt sein.

Welches Wasser man auch für den Trinkbedarf auswählt – es sollten stets 1½–2 l pro Tag sein. Nur dann können wirklich Entschlackungsprozesse in Gang gesetzt werden, schädliche Körperflüssigkeiten durch gute ersetzt werden. Ich habe mir vor einiger Zeit angewöhnt, den Morgen mit zwei Bechern abgekochtem warmem Wasser zu beginnen. Das bringt den Stoffwechsel in Gang, durchspült den Körper. Kaffee als körperlichen und geistigen Muntermacher brauche ich seitdem nicht mehr.

Kochen und Trinken mit Wasserfilter

Natürlich ist es empfehlenswert, Quellwasser oder ein anderes hochwertiges Trinkwasser auch zum Kochen zu benutzen. Doch dies dürfte bei einem Mehr-Personen-Haushalt auf Dauer eine teure Angelegenheit werden, einmal abgesehen vom Transport und von der Lagerung der benötigten Wassermengen. Wasserfilter können deshalb die Lösung sein. Diese haben den Vorteil, dass sie das Wasser filtern und beleben können, sodass Mineralstoffe erhalten bleiben und Schadstoffe herausgefiltert werden.

Sich jeden Tag etwas Gutes tun

Aktiviertes Wasser

gelingt leicht
Für 1 Karaffe
⏲ 2 Min.

- 750 ml Wasser
- Wasserfilter
- 1 Handvoll Rosenblätter

● Das Wasser durch einen guten Wasserfilter laufen lassen.

● Dann in eine Karaffe füllen und die Rosenblätter hinzugeben.

Welcher Wasserfilter ist empfehlenswert?

Viele Wasserfilter benutzen ausschließlich Aktivkohle zur Reinigung. Leider hat diese den Nachteil, dass Chemikalien und Schwermetalle nur teilweise gefiltert werden und stets Schadstoffrückstände übrig bleiben. Wer auf Nummer Sicher gehen möchte, sollte einen Wasserfilter wählen, der neben Aktivkohle auch einen selektiven Ionenaustauscher in den Filterkartuschen hat. Sogenannte Umkehrosmose-Wasserfilteranlagen können das Trinkwasser wirklich reinigen. Sie befreien nachweislich von Schadstoffen wie Medikamentenrückständen, Hormonen, Schwermetallen, Pestiziden, Chlor, Nitraten, Bakterien und Keimen. Durch das Trinken von Umkehrosmosewasser wird der Körper von Schlackenstoffen gereinigt. Schadstoffe können ausgeschwemmt werden. Eine solche Anlage ist in der Regel nicht ganz billig, lohnt sich aber auf lange Sicht, wenn man bedenkt, dass man dann gar kein Wasser mehr kaufen muss. Die günstigere Variante sind sogenannte Tisch-Wasserfilter mit einem Fassungsvermögen von meist 2–3 l.

In unserer Küche stehen mittlerweile zwei Tisch-Wasserfilter: für den täglichen Trinkgenuss und für das Zubereiten von Speisen. Unser Trink-Wasserfilter hat ein ausgetüfteltes Filtersystem mit verschiedenen Filterschichten. Neben einer Aktivkohle-Kokos-Schicht enthält er unter anderem auch eine Keramik-Turmalin-Schicht und eine Quarzsand-Kalzium-Schicht. Das Ergebnis ist Trinkwasser in Bergquell-Qualität. Unser Koch-Wasserfilter enthält ebenfalls eine spezielle Filtermischung und darüber hinaus eine Energieplatte, die sich am Boden der Filterkaraffe befindet. Neben dem Abbau von Schadstoffen, für den der Filter sorgt, gibt

Johann Grander – der Entdecker der Wasserbelebung

»Das Wasser ist eine kosmische Sache«, meinte der Tiroler Naturforscher Johann Grander (1930–2012). Dem Wasser als dem »wertvollsten Gut der Natur« galt seine ganze Aufmerksamkeit. Durch Naturbeobachtungen, Experimente und Proben erkannte er – ähnlich wie Masaru Emoto –, wie sensibel Wasser auf äußere Einflüsse reagiert. Er entnahm Wasserproben aus allen Teilen der Welt wie dem Nil (Ägypten), dem Ganges (Indien) und dem Po (Italien). Er wollte herausfinden, ob und wie sich das Wasser auf der Erde unterscheidet. Dabei stellte er fest, dass keine Quelle der anderen und damit kein Wasser dem anderen gleicht. Er entdeckte, dass Mikroorganismen ihr Verhalten ändern, sobald sie mit einem bestimmten Wasser in Kontakt kommen. Wasser, so Johann Grander, kann Informationen speichern und übertragen. Eine Erkenntnis, die die Grundlage der Grander-Wasserbelebung ist, die heute rund um den Erdball von Menschen getrunken und in Haushalten, Hotels, Landwirtschaft, Schwimmbädern und Spas genutzt wird. Johann Granders Wunsch war es, dem Wasser zu seinen ursprünglichen und vitalisierenden Eigenschaften zu verhelfen und damit der Umwelt, den Menschen und allen Lebewesen zu dienen. Bescheiden sagte er von sich selbst: »Ich habe die Wasserbelebung nicht erfunden, sondern finden dürfen.«

die Energieplatte dem Wasser seine vitale und energetische Kraft zurück.

Getränke, die dem Körper Energie entziehen

Nicht nur Lebensmittel, auch Getränke spielen bei einer ganzheitlichen Umstellung eine wichtige Rolle. So gibt es Getränke, die dem Körper Energie zuführen, aber auch solche, die ihm Energie entziehen können.

Kaffee

Kaffee, der Deutschen liebstes Getränk, ist der Muntermacher und die Verdauungshilfe am Morgen, der Kick für das Leistungstief am Nachmittag und der aromatische Digestif nach einem üppigen Essen. Riecht gut, schmeckt gut! Wirklich? Ich habe mir vor einiger Zeit das Kaffeetrinken abgewöhnt und ihn dann nach ein paar Wochen noch einmal probiert. Er schmeckte scheußlich. Ich konnte es nicht glauben, doch nach dem zweiten Schluck habe ich ihn weggeschüttet. Kann es sein, dass der Kaffeegenuss – wie so vieles – auf Einbildung beruht? Ich habe das Kaffeetrinken aufgegeben, weil tatsächlich große gesundheitliche Nachteile damit verbunden sind.

Kaffee ist eine Droge Menschen, die mit dem Kaffeetrinken aufhören, leiden unter Entzugserscheinungen, wie beispielsweise Kopfschmerzen oder Übelkeit. Aus eigener Erfahrung weiß ich, dass diese Symptome nach wenigen Tagen verschwinden.

Kaffee beeinflusst die Zirbeldrüse Die kleine, nur reiskorngroße Drüse im Zentrum des Gehirns produziert unter anderem Melatonin, das Hormon, das den Schlaf reguliert. Sie ist außerdem wichtig für unsere Intuition, das Selbstbewusstsein, die Fähigkeit, kritisch zu denken und zu hinterfragen. Lässt die Funktion der Zirbeldrüse nach, setzt der physische und psychische Alterungsprozess ein, sagt man. René Descartes (1596–1650), der französische Philosoph, Mathematiker und Naturwissenschaftler, nannte die Zirbeldrüse den »Sitz der Seele«.

Kaffee macht sauer Kaffee führt zu einer starken Übersäuerung. Unser Organismus will für Ausgleich sorgen und entzieht aus den Knochen und anderen Geweben Kalzium. Das führt auf Dauer zu Gelenkproblemen, Arthrose, brüchigen Knochen und porösen Zähnen.

Kaffee erhöht den Adrenalinspiegel Kaffee erhöht den Adrenalinspiegel und versetzt uns dadurch in eine künstliche Stresssituation. Lässt die Wirkung nach, fühlt man sich meist erschöpft und müde.

Kaffee vernichtet den Regenwald Kaffee ist einer der stärksten Regenwaldzerstörer. Während des Wachstums wird er mehrmals mit hochgiftigen Stoffen behandelt, was für die Natur und die Arbeiter auf den Plantagen hochgradig schädlich ist. Die Lebenserwartung der Plantagenarbeiter liegt im Schnitt bei 40 Jahren.

Schwarzer Tee

Auch schwarzer Tee enthält Koffein, wenn auch nur halb so viel wie Kaffee. Im Unterschied zu Kaffee wird das Koffein beim Tee langsam und kontinuierlich ausgeschüttet, was am Abend zu Schlaflosigkeit führen kann. Ähnlich wie Kaffee wirkt schwarzer Tee diuretisch, austrocknend und unvorteilhaft auf den Säure-Basen-Haushalt. In einer

Untersuchung von Stiftung Warentest wurde Anthrachinon im schwarzen Tee gefunden, ein Stoff, der krebserregend sein soll. Aus diesen Gründen kann auch schwarzer Tee nicht als wohltuend angesehen werden.

Cola-Getränke, Softdrinks

Ob Cola, Eistees, Limonaden oder Energydrinks – sie alle haben eins gemeinsam: Sie triefen vor Zucker. Schon mit dem zweiten Glas nimmt man mehr Zucker zu sich als die von der WHO empfohlene Menge von täglich 25 g. Was im Übrigen sechs Teelöffeln entspricht und auch nicht wenig ist. Bei regelmäßigem Genuss führen Softdrinks & Co. nicht nur zu Übergewicht. Auch die Bauchspeicheldrüse leidet und das Risiko, an Diabetes zu erkranken, ist erhöht. Neben Zucker kommt bei Cola und Energydrinks außerdem der hohe Phophatgehalt hinzu. Rund 140 mg stecken in 1 l koffeinhaltiger Limonade. Ein schleichendes Gift, das den Knochen und dem Körper Energie entzieht.

Fruchtsäfte

Direktsäfte, Säfte mit 100 Prozent Fruchtgehalt, gelten als gesund. Leider stimmt das nicht ganz. Man muss sich nur Folgendes bewusst machen: In einem Glas Orangensaft stecken der Fruchtzucker und die Kalorien von drei bis vier Orangen. Und nicht nur das. Forscher haben außerdem herausgefunden, dass viele Ballaststoffe auf dem Weg vom Obst zum Saft verloren gehen. Dadurch kann das Verdauungssystem schneller passiert werden, was zu einem raschen Anstieg des Blutzuckerspiegels führt. Hinzu kommt, dass man Säfte einfach so nebenher trinkt, denn sie stillen ja nicht den Hunger. Isst man stattdessen eine Orange oder einen Apfel, dann ist der Bedarf nach ein oder zwei Stück gedeckt. Und gesünder für den Insulinspiegel ist das außerdem.

Alkohol

Von allen Getränken ist Alkohol ohne Zweifel der größte Energieräuber und die stärkste Droge. Er macht abhängig. Als Nervengift bereitet er sich im Körper aus, gaukelt Entspannung und Gelassenheit vor, während er langsam, aber sicher die Biochemie des Körpers verändert und das Gehirn beeinflusst. Bei regelmäßigem, langjährigem Konsum sind vielerlei Krankheiten vorprogrammiert. Auch die empfindlichen Nervenzellen nehmen Schaden, psychische Störungen können die Folge sein.

Alkohol raubt dem Körper Vital- und Nährstoffe, was in den meisten Fällen zum Knochenabbau und zu Osteoporose führt. Alkohol reizt die Magenschleimhaut und führt zu Magenbeschwerden – von Sodbrennen bis hin zum Magengeschwür. Er regt die Säureproduktion an und behindert dadurch die Verdauung. Der beliebte Verdauungsschnaps nach üppigem Essen hilft der Verdauung nicht, sondern führt im Gegenteil zu Verstopfung. Last but not least erhöht Alkohol den Blutdruck und begünstigt Herz-Kreislauf-Erkrankungen und Schlaganfall. In einer lichtvollen, lebendigen Ernährung hat Alkohol nach Möglichkeit nichts zu suchen.

Getränke, die Energie spenden

Lebendiges Wasser, Berg- und Quellwasser – darüber wurde bereits ausführlich im Kapitel »Lebendiges Wasser« (Seite 38) berichtet. Es gibt aber zahlreiche weitere gute Energielieferanten.

Wunderbar belebend

Matcha

gelingt leicht
Für 1 Portion
3 Min.

¼ TL Matchapulver • 250 ml Wasser • ggf. etwas Hafer- oder Reismilch

- Wasser kochen. Matchapulver in eine Tasse gießen und mit dem Wasser übergießen.

- Mit einem Bambusstab (alternativ: kleinem Schneebesen) kräftig umrühren – und warm genießen.

- Wer mag, kann den Tee mit etwas Hafer- oder Reismilch anreichern.

Matcha – Superdrink aus Japan

Matcha, das grasgrüne Elixier aus Japan, besteht aus gemahlenen Grünteeblättern. Als gesundheitsfördernder Superdrink hat das Pulver auch hierzulande so manches Supermarktregal erobert. Da es sich bei Matcha sozusagen um die Essenz der ganzen Blätter handelt, benötigt man für das Aufgießen einer Tasse Tee nur 1 g Pulver. Entsprechend reichhaltig sind auch die Inhaltsstoffe. Neben Mineralstoffen wie Eisen, Zink und Kalzium enthält Matcha die Vitamine C, E und A. Er ist reich an Proteinen sowie den Antioxidanzien Chlorophyll, Karotinoiden und Katechinen. Ein weiterer Vorteil: Matcha hat einen sehr hohen ORAC-Wert (Oxygen Radical Absorption Capacity). Dieser gibt die Fähigkeit bzw. Kapazität einer Pflanze an, Sauerstoffradikale unschädlich zu machen. Dadurch können unter anderem entzündliche Körperprozesse gehemmt werden.

Matcha ist auch ein Muntermacher. Er enthält Koffein, das aber dank der enthaltenen Aminosäuren nicht aufregend, sondern ausgleichend wirkt. Im Unterschied zum Kaffee ist Matcha gut verträglich, führt weder zu Sodbrennen, noch ist er säurebildend.

Menschen, die unter Nierensteinen oder Arthrose leiden, sollten Matcha allerdings nur in Maßen trinken. Eine große Menge an natürlicher Oxalsäure im grünen Pulver kann die Aufnahme von Eisen, Magnesium und Kalzium im Körper stören.

Grüner Tee – natürlicher Bakterienstopp

Grüner Tee entstammt derselben Pflanze wie schwarzer Tee, der Camellia sinensis. Der Unterschied liegt in der Herstellung: Güner Tee wird nicht fermentiert. Das hat den Vorteil, dass viele sekundäre Pflanzenstoffe erhalten bleiben, wie beispielsweise die Polyphenole. Ihnen wird nachgesagt, dass sie das Risiko für Krebs, Demenz und Herz-Kreislauf-Erkrankungen senken können. Auch die Blutgefäße sollen durch das Trinken von Grüntee elastischer und flexibler werden. Studien weisen außerdem darauf hin, dass grüner Tee gut für den Magen ist, das Herz schützen und beim Abnehmen helfen kann. Sogar der Zuckerstoffwechsel profitiert. Regelmäßig getrunken, soll grüner Tee auch gegen schädliche Bakterien – besonders im Mundraum – hilfreich sein.

Guarana – der natürliche Muntermacher

Guarana stammt aus dem Amazonas und bedeutet so viel wie »Frucht der Jugend«. Die Samen der orangefarbenen Frucht werden von den Indios seit Jahrhunderten als Kraftspender und Muntermacher geschätzt. Guarana besitzt fünfmal mehr Koffein als Kaffee, und das in einer für den Organismus optimal verträglichen Form. Das Koffein wird sehr langsam abgegeben. Es verbleibt bis zu sechs Stunden im Körper und kann genauso lange auch seine Wirkung zeigen. Guarana soll auch Hunger und Durst dämpfen sowie die Konzentration stärken können. Neben dem natürlichen Koffeingehalt sind die im Innern der Früchte verborgenen Samen außerdem reich an Fetten, Eiweißen und Kohlenhydraten. Bei uns gibt es Guarana als Kapseln, Energydrinks, als Pulver und seit Kurzem auch in Form von Teebeuteln.

Maca – Kraftpaket der Inka

Die Maca-Pflanze, wegen ihres Aussehens auch Peru-Ginseng genannt, wächst in den peruanischen Anden auf über 4000 Metern Höhe. Dort wurde sie bereits vor rund 2000 Jahren von den Inka angebaut, die sie als stärkendes Lebensmittel und Aphrodisiakum schätzten. Das knollenartige Gewächs ist reich an gesunden Inhaltsstoffen wie Eiweißen, Kohlenhydraten und Mineralstoffen wie Eisen, Zink, Magnesium und Kalzium. Außerdem enthalten: die Vitamine B_1, B_2, B_3 sowie eine Extraportion natürliches Vitamin C, das nachweislich Müdigkeit und Erschöpfung vorbeugt.

In Peru wird Maca als Gemüse zubereitet, da es außer den o.g. Eigenschaften auch die geistige Wachheit und Konzentration sowie die Libido und Potenz steigern soll. Bei uns ist Maca in Pulverform erhältlich. Maca-Pulver lässt sich als Tee zubereiten, in Smoothies, Milch oder Joghurts mischen.

Lapacho-Tee – Lebensspender

Lapacho-Tee wird aus der inneren roten Rinde des Lapacho-Baums hergestellt. Auch der Lapacho-Baum stammt aus der peruanischen Hochebene und wurde von den Inkas liebevoll als »Lebensspender« bezeichnet. Tatsächlich handelt es sich um ein natürliches Antibiotikum, das Infektionen mit Pilzen und Keimen bekämpfen wie auch Gelenkbeschwerden lindern kann. Der Tee soll die Qualität des Blutes verbessern und die Lymphe reinigen und damit das Immunsystem stärken. Auch bei Magen-Darm- und Stoffwechselbeschwerden soll er Wunder wirken können. Lapacho-Tee enthält zahlreiche Vitamine, Mineral- und Pflanzenstoffe. Vor allem Kalzium, Kalium, Phosphor, Magnesium, Eisen, Zink und Lapachol, eine Substanz, die für die antibiotische und antientzündliche Wirkung verantwortlich ist.

Pu-Erh-Tee – der Schlank-Tee aus China

Pu-Erh-Tee, der rote Tee aus Yunnan, dem Südwesten Chinas, war lange Zeit ein geheimes Elixier der chinesischen Kaiser. Überdurchschnittlich lange Lagerungszeiten von mindestens 12 Jahren und eine Reihe besonderer Inhaltsstoffe machen ihn zu einem heilkräftigen Trunk. »Dieser Tee ist wie kein anderer ein wirksamer Feind unnützen und schädlichen Körperfetts. Er unterstützt das Yin und Yang und schafft so, wenn der Mensch ihn regelmäßig trinkt, ein langes gesundes Leben.« Dies schrieb der chinesische Arzt Zhao Xuemin (1719–1821) – er wurde 102 Jahre alt. Dem Tee wird vor allem eine positive Wirkung auf Leber, Milz und Bauchspeicheldrüse nachgesagt. Er soll zudem den Blutzuckerspiegel konstant halten, als Appetitzügler wirken und trübe Gedanken vertreiben. Den durch die Lagerung bedingten leicht erdig-muffigen Geschmack kann man sich mit etwas Kokoszucker versüßen.

Kräutertees

Kräutertees stammen im Unterschied zu schwarzem oder grünem Tee nicht vom Teestrauch ab, sondern es handelt sich um frische oder getrocknete Pflanzenteile. Zum Beispiel von Brennnessel, Kamille oder Fenchel. Kräutertees liefern daher viele Vitamine, Mineralstoffe und ätherische Öle und sind frei von Koffein. Sie haben grundsätzlich gesundheitsfördernde Eigenschaften. Da sie jedoch auch immer eine arzneiliche Komponente beinhalten, sollte man nicht mehr als drei Tassen täglich trinken. Mitunter können Kräutertees auch kurmäßig über einen Zeitraum von drei Monaten getrunken werden. Danach sollte man allerdings pausieren. Anderenfalls kann es passieren, dass der Körper Kalium abbaut, was weniger günstig ist, da Kalium am Zellaufbau und an der Weiterleitung von Nervenimpulsen beteiligt ist.

Hier eine kleine Auswahl gesunder Kräutertees und ihre Wirkung auf den Organismus.

Kamillentee

Die Kamille ist eine der ältesten und populärsten Heilpflanzen der Welt. Im alten Ägypten wurde sie als Blume des Sonnenkönigs Amun Ra verehrt. Der Tee wird aus den gelben Blüten hergestellt. Diese enthalten ätherische und gelbfarbene Flavonoide, die entzündungshemmend und antibakteriell wirken. Bei Halsweh und Heiserkeit wird deshalb gerne empfohlen, mit Kamillentee zu gurgeln. Darüber hinaus enthält die Kamillenblüte rund zehn Prozent Schleimstoffe, die die Schleimhäute des Verdauungstrakts schützen, weswegen Kamillentee u. a. auch bei Bauchproblemen krampflösend wirkt. Bei Frauen über 65 Jahre soll Kamillentee sogar für ein langes Leben sorgen. Dies stellte jedenfalls eine US-Studie der Universität Texas im Jahr 2015 fest.

Brennnesseltee

Brennnesseltee wirkt bekanntlich entwässernd und harntreibend. Außerdem hat er eine belebende und stärkende Wirkung auf den Organismus. In der Volksmedizin wird die Brennnessel zur Entschlackung und Entgiftung bei Frühjahrskuren eingesetzt. Auch bei Blasenschwäche kann Brennnesseltee hilfreich sein. Brennnesseln haben einen höheren Vitamin-C-Gehalt als Zitrusfrüchte und enthalten Eisen, Kalium und Magnesium. Außerdem Flavonoide, die für die entwässernde Wirkung sorgen, wodurch die Nieren gereinigt werden und besser arbeiten können. Auch Eiweiß ist in den Blättern reichlich enthalten sowie ein Wirkstoff, der das Bakterienwachstum hemmt. Zu Zeiten, als es noch keinen Kühlschrank gab, wurde die Milch mit einer Handvoll Brennnesselblätter haltbar gemacht.

Fencheltee

Der aus den Fenchelsamen hergestellte Tee enthält ätherische Öle, die beruhigend, krampflösend und verdauungsfördernd wirken, außerdem Kieselsäure, Mineralsalze und die Vitamine A, B und C. In der Hausapotheke kommt der Tee unter anderem bei Blähungen und Verdauungsproblemen, bei Husten und Erkältungen und als Milchsekret förderndes Mittel bei stillenden Müttern zur Anwendung. Fencheltee vor dem Schlafengehen getrunken, soll die Nerven beruhigen und für eine gute Nacht sorgen.

Lindenblütentee

Lindenblüten enthalten ätherische Öle. Der Hauptbestandteil ist das Farnesol, das für den blumigen Geruch und den angenehmen Geschmack verantwortlich ist. Außerdem Flavonoide, Schleimstoffe, Gerbstoffe und Saponine. Lindenblütentee gilt aufgrund seiner schweißtreibenden Wirkung von jeher als Mittel zur Vorbeugung und Kurierung von Erkältungen. Darüber hinaus wirkt er beruhigend und entspannend auf Muskulatur und Nerven.

Melissentee

Melisse ist das Kraut für unsere Zeit. Neben seinem wichtigsten Wirkstoff, dem ätherischen Öl mit Citral und Citronella, enthält Melisse vor allem Gerb- und Bitterstoffe sowie Flavonoide. Melissentee wirkt beruhigend auf das Nervensystem, erleichtert das Abschalten und fördert den Schlummer. Melissentee kann zudem einen nervösen Magen beruhigen, das Immunsystem stärken und vor Erkältungen schützen.

Beruhigend und stärkend

Melissen-Tee

gelingt leicht
Für 1 Portion
⏲ 12 Min.

3 TL geschnittene Melissenblätter • 250 ml Wasser

- Das Wasser kochen. Die Melissenblätter übergießen und zugedeckt 10 Min. ziehen lassen.
- Warm trinken.

Carlo Petrini – die italienische Antwort auf Fast Food

»Ich möchte die Geschichte einer Speise kennen. Ich möchte wissen, woher die Nahrung kommt.«

Mit dem Symbol der roten Weinbergschnecke wirbt der Gründer und Präsident von »Slow Food« seit 30 Jahren für Langsamkeit und Genuss, für regionale Esskultur und landestypische Spezialitäten mit heimischen Produkten aus Landwirtschaft und Viehzucht. Slow Food geht es darum, das Genießen zu fördern und sich gegen schlechtes und hektisches Essen einzusetzen. »Buono, pulito e giusto« – gut, sauber und fair, so beschrieb Carlo Petrini die Grundbegriffe einer neuen Gastronomie. Wenn nur ein Element fehle, so könne man nicht von Slow Food sprechen.

Gut, Sauber und Fair, so kann man es auf der Homepage von Slow Food Deutschland nachlesen, bedeutet im Einzelnen:

Gut: wohlschmeckend, nahrhaft, frisch, gesundheitlich einwandfrei, die Sinne anregend und befriedigend.

Sauber: hergestellt, ohne die Ressourcen der Erde, die Ökosysteme oder die Umwelt zu belasten und ohne Schaden an Mensch, Natur oder Tier zu verursachen.

Fair: die soziale Gerechtigkeit achtend, mit angemessener Bezahlung und Bedingungen für alle – von der Herstellung über den Handel bis hin zum Verzehr.

Die Geburtsstunde von Slow Food Bereits Ende der 70er-Jahre hatte der studierte Soziologe und Journalist in verschiedenen Zeitschriften Beiträge über Essen und Trinken verfasst. In den 1980er-Jahren gründete Petrini die Gesellschaft »Freunde des Barolos« – eine Initiative gegen das Panschen des berühmten Rotweins mit Methanol. In Bra, seinem Geburtsort, rief er zunächst den Verein »Arcigola« (Gola = Esslust) ins Leben, ein Vorläufer der Slow-Food-Organisation. Die eigentliche Geburtsstunde von Slow Food fand 1986 mit einem öffentlichen Spaghetti-Essen auf der Spanischen Treppe in Rom statt. Es war eine Protestaktion gegen die Eröffnung einer McDonald's-Filiale am historischen Piazza Navona.

Die internationale Non-Profit-Organisation Slow Food wurde 1989 gegründet und umfasst heute ein Netzwerk von Millionen Menschen in rund 160 Ländern der Erde. In Deutschland zählt man derzeit 14 000 Mitglieder, die in rund 85 lokale Gruppen unterteilt sind. Hier, wie auch in allen anderen Ländern, treffen sich die sogenannten Convivien (Tafelrunden) regelmäßig zu Veranstaltungen. Um »gut, sauber und fair« zu speisen, aber auch um Kontakte zwischen Erzeugern, Köchen, Händlern und Verbrauchern herzustellen. Und um politisch etwas zu bewirken. Ein zentrales Anliegen von Slow Food International ist der weltweite Verbraucherschutz. So geht es um nichts Geringeres, als gegen gentechnisch veränderte Nahrungsmittel vorzugehen, den Gebrauch von Pestiziden zu unterbinden und lokale Anbau- und Verarbeitungsmethoden im Sinne des Umweltschutzes zu erhalten.

Der Schmetterlingseffekt Carlo Petrini sagte einmal in einem Interview: »Unsere Konsumentscheidungen beeinflussen nicht nur unsere Gesundheit, sondern auch unsere Umwelt und die Art der Landwirtschaft. Es macht einen Unterschied, ob wir in einem Schnellrestaurant essen oder nach einem Bummel auf dem Bauernmarkt ein traditionelles Gericht selbst zubereiten und im Kreise unserer Liebsten genießen. Wählen wir das Erstere, wählen wir Gleichförmigkeit, Massentierhaltung, Dumpinglöhne. Wählen wir Zweiteres, wählen wir Vielfalt, artgerechte Tierhaltung, fairere Preise.«

Weltweit bekannt sind die alle zwei Jahre in Turin stattfindende Messe »Salone del Gusto« und der daran gekoppelte Kongress »Terra Madre« (Mutter Erde) – ein Treffen von Lebensmittelgemeinschaften, Köchen, Landwirtschafts- und Tierzüchtervertretern. Mit rund 800–1 000 Ausstellern aus allen Kontinenten und mehreren Hunderttausend Besuchern.

Beim Kongress »Terra Madre« geht es vor allem um die Gründung lokaler Lebensmittelgemeinschaften, um das ökologische Gleichgewicht des Planeten zu schützen.

Auch in Deutschland gibt es eine Slow Food-Leitmesse. In Anlehnung an den italienischen Namen findet sie als „Der Markt des guten Geschmacks – die Slow Food Messe“ alljährlich im April in Stuttgart statt. Zur Messe zugelassen werden ausschließlich Aussteller, die die von Slow Food festgelegten Qualitätsvorgaben erfüllen. Brot und Getreideerzeugnisse, Molkereiprodukte, Obst & Gemüse, Fisch, Schinken & Wurstwaren, Feinkost, Öle, Essige und Kräuter sowie Süßwaren sind nur in bester Qualität vertreten.

Der Nährboden

Mikroorganismen sind nicht nur für das Wachstum wichtig, sondern auch für den Abbau schädlicher Stoffe. Das können wir uns in vielen Bereichen zunutze machen.

Dass viele Böden heute sauer sind und systematisch zugrunde gedüngt wurden, ist für Sie sicher nichts Neues. Auch nicht, dass uns das auf Dauer weder satt machen noch nähren kann. Der einst spurenreiche Boden ist in vielen Teilen der Welt karg geworden. Doch es gibt so etwas wie ein Geheimrezept der Natur. Etwas, dass, lange bevor Menschen die Erde bevölkerten, schon da war und das dafür gesorgt hat, dass Leben überhaupt erst möglich wurde. Denn vor Jahrmillionen Jahren schufen sie die Luft zum Atmen. Die Rede ist von Mikroorganismen, Kleinstlebewesen, die mit dem bloßen Auge kaum oder gar nicht zu erkennen sind. Weil sie so alt sind wie die Welt, nennt man sie auch Urkeime. Sie sind es, die das Leben stabilisieren und ein Gleichgewicht schaffen. Das tun sie, indem sie z. B. schädliche Fäulnisbakterien oder Pilze abtöten und Entzündungsprozesse hemmen. Urkeime stehen von jeher im Dienst des Lebens. Sie sind der Nährboden von Pflanzen, Tieren und Menschen. Mikroorganismen können ohne uns leben, aber wir nicht ohne sie.

Mikroorganismen sind lebenswichtig

»In einer Handvoll guten Bodens sind mehr Lebewesen als Menschen auf dieser Erde«, stellte der österreich-ungarische Botaniker Raoul Francé (1874–1943) fest. Das dies tatsächlich stimmt, wurde längst wissenschaftlich bestätigt. So findet sich in einem Quadratmeter fruchtbaren Boden in 30 Zentimeter Tiefe die gigantische Menge von 60.001.521.250.400 Kleinstlebewesen (in Worten: sechzig Billionen eine Milliarde fünfhunderteinundzwanzig Millionen zweihundertfünfzigtausend vierhundert). Diese setzen sich unter anderem aus Bakterien, Pilzen, Algen, Fadenwürmern, Einzellern, Regenwürmern und Insekten zusammen. Bereits 1924 wies Francé auf die Folgen der Industrialisierung hin: »Die Menschen können Flüsse durch Abwässer vergiften, die Luft durch Rauch und Abgase unatembar machen, aber sie können die Naturgesetze nicht zerstören, ohne selbst zerstört zu werden.« Francé war klar, dass die Mikroorganismen im Boden für die Humusbildung und Bodenfruchtbarkeit unerlässlich sind.

Die Entdeckung der Effektiven Mikroorganismen

Zu diesem Ergebnis kam Jahrzehnte später auch der japanische Gartenbauprofessor Teruo Higa. Bei dem Versuch, mit modernsten chemischen Düngemitteln den Mandarinenanbau in seiner Heimat Okinawa einzuführen, stieß er plötzlich an seine Grenzen. Der Umgang mit den Pestiziden führte bei ihm zu massiven gesundheitlichen Problemen. Er suchte nach alternativen biologischen Anbaumethoden, wobei ihm der Zufall zu Hilfe kam. Higa beobachtete, wie kranke, beschädigte Wassermelonen, die man in einen Graben mit Küchenabfällen geworfen hatte, wieder auszutreiben begannen. Für ihn war es der Wendepunkt im Gartenbau, wie er später einmal sagte. Von nun an konzentrierte er sich auf den Einsatz von Mikroorganismen und Photosynthesebakterien. Zehn Jahre lang experimentierte er mit immer neuen Mischungen aus Mikroorganismen, bis ihm 1981 der Durchbruch gelang: eine Mischung mit rund 80 nützlichen und frei in der Natur vorkommenden Mikroorganismen. Er nannte sie »Effektive Mikroorganismen« (kurz EM). »Mit EM erreichen wir eine pestizidfreie Landwirtschaft, von der die dort Beschäftigten gesund leben können. Nimmt die Verschmutzung des Wassers ab, verbessert sich der ökologische Zustand des Meeres. Mit der Reinigung im Umfeld der Land- und Fischereiwirtschaft werden auch die Konsumenten, die diese Produkte verzehren, wieder gesünder«, prophezeite Higa.

Dass er damit recht hatte, zeigt, dass seitdem die Formel der Effektiven Mikroorganismen von vielen Herstellern aufgegriffen und weiterentwickelt wurde. Seit der Entstehung von Higas Urlösung sind heute zahlreiche weitere Produkte auf dem Markt erhältlich. Man kann sie übers Internet oder über EM-Shops erwerben, die es in fast allen großen Städten Deutschlands gibt.

Die Arbeit der Effektiven Mikroorganismen

Durch Fermentationsprozesse sorgen Effektive Mikroorganismen dafür, dass Leben aufgebaut und nicht durch Fäulnis oder Verwesung abgebaut wird, und das tun sie global.

Anwendungsgebiete der EM:

- im Darm von Mensch und Tier
- auf dem Feld und im Garten
- im Pflanzenreich
- in Teichen und in Schwimmbädern

Das Besondere dieser Urkeime: Sie passen sich allen Lebensvorgängen an und vermehren sich besonders dort sehr stark, wo sich Fäulnis oder andere schlechte Keime aufhalten, die das Lebensgleichgewicht stören. Effektive Mikroorganismen sind weder gentechnisch verändert, noch enthalten sie irgendwelche chemischen Zusätze. So wirken sie nicht nur auf Boden, Pflanzenwachstum und Wasserqualität ausgleichend, sondern auch auf eine gesunde Verdauung und auf das Immunsystem.

Anwendungsmöglichkeiten und Wirkungsspektren der EM

Ob Mensch oder Tier – Mikroorganismen leben auch in unserem Darm. Allerdings sowohl gute, aufbauende als auch schlechte, abbauende Keime. Gerät duch Umwelteinflüsse oder Ernährung das Gleichgewicht aus dem Takt, dann können Effektive Mikroorganismen die rettenden Helfer sein. Sie schließen die Nahrung in allen Abschnitten des Verdauungstrakts auf. Dabei produzieren sie Hefen, die Fäulnisbakterien und schädliche Pilze vernichten. Die Darmschleimhaut und Bakterienflora kann wieder aufgebaut werden, was z. B. nach einer Antibiotikabehandlung besonders wichtig ist.

EM-Lösungen – was steckt drin?

Die Palette der angebotenen EM-Produkte ist groß. Ausgangsbasis – auch für die eigene Herstellung – ist die sogenannte EM-Urlösung. Es handelt sich dabei um eine bräunliche Flüssigkeit aus Zuckerrohrmelasse (ein Nebenprodukt bei der Zuckerherstellung aus Zuckerrohr), Wasser und rund 80 Effektiven Mikroorganismen.

Aufgrund der wertvollen Inhaltsstoffe wie Vitamine, Mineralstoffe und Spurenelemente sowie des hohen Zuckeranteils von 60 % ist Zuckerrohrmelasse ein wichtiger Nährstoff für die Mikroorganismen.

EM-Lösungen selbst herstellen

Mit einem Fermenter, der Urlösung und der Zuckerrohrmelasse (gibt es in EM-Shops und im Internet, z. B. bei Amazon) kann man EMa (= Effektive Mikroorganismen aktiv) leicht selbst herstellen. Dazu mischt man 3 % EM-Urlösung mit 3 % Zuckerrohrmelasse und Wasser. Das bedeutet bei einem handelsüblichen Fermenter von 6,4 l, dass man jeweils 190 ml Zuckerrohrmelasse und EM-Urlösung mit 6 l Wasser vermischt. Diese Lösung wird dann sieben Tage bei geschlossenem Deckel und einer Temperatur von 35–38 Grad, die am Gerät einstellbar ist, fermentiert. Ob das EM-Produkt gelungen ist, erkennt man am pH-Wert, der unter 3,6 liegen sollte, und am typischen süß-sauren Geruch. Die Farbe ist nach wie vor Braun.

Eine solche Mischung ist vielseitig einsetzbar, beispielsweise:

- als Bodenhilfe für Äcker und Wiesen
- zum Garten- und Blumengießen
- im Haushalt zum Putzen von Flächen, Böden und Fenstern
- zur Fellpflege von Katzen, Hunden oder Pferden

»EM-aktiv« und »EM Blond«

Wer es sich etwas leichter machen möchte, kann fertige Mischungen auch im Handel erwerben. Beispielsweise »EM aktiv« für die Bodendüngung und zum Gießen von Pflanzen oder »EM Blond«. Letztere hat eine helle Farbe und einen angenehm fruchtigen Ge-

Was bewirkt die Fermentation?

Unter Fermentation (von lat. fermentum = Sauerteig) versteht man einen biologischen Prozess, bei dem mithilfe von Mikroorganismen zusätzliche gesundheitsfördernde, bioaktive Substanzen entstehen. Damit die Effektiven Mikroorganismen während der Fermentation wertvolle Vitamine, Antioxidanzien und Enzyme produzieren können, spielen die richtige Temperatur und der anaerobe Zustand, also der Verzicht auf Sauerstoff, eine wichtige Rolle. Durch die Fermentation können die Effektiven Mikroorganismen auch andere Mikroorganismen, wie z. B. Darmbakterien, bei der Arbeit unterstützen. Das führt naturgemäß bei Mensch und Tier zu einem robusteren Immunsystem. Ein bekanntes Beispiel für den positiven Effekt der Fermentation ist die Herstellung von Sauerkraut durch das Fermentieren von Weißkohl. Aus dem ursprünglich Vitamin-C-armen Gemüse entsteht ein Vitamin-C-reiches Nahrungsmittel.

ruch. Wie »EM aktiv« beinhaltet auch »EM Blond« 80 verschiedene Arten von Mikroorganismen, Milchsäurebakterien, Hefen und Photosynthesebakterien. Zusätzlich wird es mit einer Nährlösung aus regionalem Bio-Getreide fermentiert. Mit dieser Mischung hat man ein vielfältiges Wirkungsspektrum zur Hand, das unter anderem im Haushalt, zur Körperpflege und zur Energetisierung von Lebensmitteln wie Obst und Gemüse eingesetzt werden kann. »EM aktiv« und »EM Blond« haben nach Öffnung der Flasche eine durchschnittliche Haltbarkeitsdauer von drei bis sechs Monaten. Das empfohlene Mischungsverhältnis beträgt grundsätzlich 1 Einheit EM zu 10 Einheiten Wasser.

Die vielfältigen »EM Blond«-Anwendungsbereiche:

- Eine kalte Gesichtsdusche für den Frischekick am Morgen und zwischendurch: Dazu füllt man das Waschbecken im Verhältnis 1 : 10 und besprenkelt das Gesicht mit der Mischung. Vertreibt Müdigkeit und macht munter.
- Spülung für glänzendes Haar: In einen Becher mit lauwarmem Wasser 1 EL »EM Blond« einfüllen und damit das gewaschene Haar übergießen. Es braucht dann nicht mehr ausgespült zu werden.
- 15-minütiges Fußbad: Dazu mischt man ca. 30 ml EM mit 5 l warmem oder kaltem Wasser. Anschließend die Füße nur leicht abtupfen und an der Luft trocknen lassen. Dies wirkt nicht nur regenerierend auf den gesamten Organismus, sondern kann auch Fußpilz vorbeugen und heilen.
- Bei Insektenstichen lassen sich Schwellungen, unangenehmes Jucken und Kratzen vermeiden bzw. lindern, wenn man die betreffende Stelle mit EM betupft.
- Verletzungen wie Schürf- oder Schnittwunden sollte man mehrmals mit EM betupfen. Das stillt den Lymphfluss, Wundschmerzen klingen schneller ab und es bilden sich keine dicken Krusten und Wundränder.
- Lippenherpes und Aphthen, die schmerzhaften Bläschen im Mund, kann man durch Betupfen mit EM und durch Mund-

spülungen mit EM-Lösungen rasch zum Verschwinden bringen.
- Energetisierung von Obst und Gemüse: Dazu besprenkelt man die Lebensmittel aus einer Sprühflasche mit der bewährten Mischung von 1 : 10. Die Produkte gewinnen dadurch an Energie und Frische. Dies kann vor allem sinnvoll sein, wenn man z. B. im Ausland ist und mit schlechten Bakterien und Wasserverhältnissen zu tun hat. Die Lebensmittel gewinnen an Vitalkraft, da Vitamine und Enzyme gebildet werden, die als Radikalenfänger wirken.
- Reinigung von Oberflächen in Küche und Bad, Fensterputzen und Säubern von Polstermöbeln und Teppichen
- Energetisierung des Raumklimas: Hierzu gibt man rund 5 ml EM in eine Sprühflasche mit ½ l Wasser.

Belebtes Wasser und Keramik-Pipes

Besonders wichtig sind Effektive Mikroorganismen für den täglichen Trinkgenuss. Wie die bereits beschriebenen Wasserfilter (Seite 42) sorgen sie für eine gute und quellfrische Qualität. So können u. a. Wasserkristallbilder belegen, dass bei einem umweltbelasteten Leitungswasser ein harmonisches Kristallbild entsteht, wenn das Wasser zuvor mit EM aktiviert wurde. Hierzu mischt man entweder mit flüssigem EM im Verhältnis 1 : 10 oder gibt dem Wasser Keramik-Pipes bei. Je nach Wasserbelastung in einem Mischungsverhältnis von 1 l Wasser und zwischen 1 und 10 Pipes. Keramik-Pipes sind zylinderförmige, ca. 10 × 8 mm breite Röhrchen aus einem mit Mikroorganismen fermentiertem und gebranntem Ton.

Diese werden von Anwendern besonders wegen ihrer Wasserbelebung geschätzt. So kommen Keramik-Pipes u. a. im Trinkwasser von Mensch und Tier, in der Waschmaschine (zur besseren Reinigung der Wäsche und zum Schutz der Maschine) sowie in Fischteichen und Aquarien (wo sie unter anderem ein gesundes Pflanzenwachstum fördern sollen) zur Anwendung. Bei unseren geliebten Vierbeinern, den Hunden und Katzen, können Keramik-Pipes auch als Zeckenschutz am Halsband gute Dienste leisten.

Darüber hinaus kann man mit den Pipes auch für eine bessere Haltbarkeit in Obst- und Gemüseschalen sorgen, indem man sie einfach dazwischenstellt. Auch im Kochwasser von Gemüse, Kartoffeln oder Eiern erweisen sie sich als hilfreicher Vitalbooster.

Da der Darm zu Beginn Effektive Mikroorganismen nicht gewohnt ist, sollte man mit der Einnahme vorsichtig und langsam beginnen, also beispielsweise mit ein paar Schlucken EM-Wasser pro Tag. Später kann man die Trinkmenge auf 1 l Wasser steigern. Zu erwähnen ist auch, dass es anfangs ähnlich wie beim Fasten oder Detoxen zu körperlichen Beschwerden wie Durchfall oder Hautproblemen kommen kann. Dies zeigt, dass die Effektiven Mikroorganismen im Körper ihre Aufräumarbeit begonnen haben. Die körperlichen Symptome verschwinden dann nach kurzer Zeit.

»EM-Manju«

EM Manju – auch als »EM X« und »EM X-Gold« bekannt – gilt als Geheimtipp für ein gesundes und vitales Leben. Dabei handelt es sich um ein aus Japan stammendes, natürliches Konzentrat, das durch Fermentation von grüner Papaya, Reiskleie, Braunreis, Kelp (Seetang) und Effektiven Mikroorganismen gewonnen wird. Dr. Shigeru Tanaka, der in der japanischen Stadt Wako eine Klinik leitete, berichtete in seinem Buch »EM-X – Über die heilende Kraft der Antioxidanzien aus Effektiven Mikroorganismen (EM)« über erstaunliche Heilerfolge bei seinen Patienten in den 1990er-Jahren.

Unter anderem soll EM Manju Krankheitsbilder und Beschwerden wie Diabetes, Asthma, Rheuma, Rückenschmerzen, Parkinson und Demenz gelindert und verbessert haben. Bei etlichen Krebspatienten konnte Dr. Tanaka sogar ein Stagnieren des Tumorwachstums beobachten. Auch Chemotherapien wurden nach seiner Beobachtung durch die Einnahme von EM Manju besser vertragen. So blieb die häufig auftretende Übelkeit bei vielen Patienten aus.

Das heißt nicht, dass man EM Manju als Allheilmittel ansehen sollte. Allerdings kann die darin enthaltene Fülle an Antioxidanzien, Vitaminen, Mineralstoffen und bioaktiven Substanzen die Selbstheilungskräfte des Körpers aktivieren. Und das ist natürlich ein wichtiger Faktor, der sich bei vielen Beschwerden als positiv erweisen kann.

Darmgesundheit und Effektive Mikroorganismen

80 Prozent unserer Immunzellen befinden sich im Darm. Ungesunde Ernährung, zu wenig Schlaf, Stress oder Medikamente können die Immunzellen schwächen, sodass es zu einer gestörten Darmflora kommt. Darunter versteht man ein Ungleichgewicht der rund 100 Billionen Mikroorganismen, die im Darm leben und die sich in drei Gruppen aufteilen: die Guten, die Neutralen und die Schädlichen. Je mehr ungesunden Einflüssen der Mensch ausgesetzt ist, umso stärker vermehren sich die schädlichen Mikroorganismen. Verstopfung, Durchfall, Lebensmittelunverträglichkeiten, Pilzinfektionen, Allergien oder chronische Erkrankungen basieren meist auf einem Ungleichgewicht des Darmmilieus.

Die »Ordner des Lebens«, wie man die Effektiven Mikroorganismen auch nennt, sind in der Lage, das Immunsystem wieder in Balance zu bringen. Sie produzieren Substanzen, die Krankheitserreger abtöten und in ihrem Wachstum hemmen können. Auch die Erneuerung von Darmzellen sollen sie beschleunigen und auf diese Weise zur Gesundung des Organismus beitragen können. Eine Darmkur mit Effektiven Mikroorganismen hat bereits vielen Anwendern helfen und ihre Beschwerden verbessern können. Empfehlenswert ist dabei, auf die im Handel erprobten EM-Lösungen zurückzugreifen. Während der Kur, die in der Regel drei bis vier Wochen dauert, muss man sich nicht kasteien. Wichtig ist, dass man ein- bis zweimal täglich einen mit Wasser verdünnten und nach Anleitung der Hersteller beschriebenen EM-Trunk zu sich nimmt. Verzichten sollte man in dieser Zeit aber auf industriell verarbeitete Nahrungsmittel wie Fertigprodukte, Backwaren und Süßigkeiten, da diese die Arbeit der Effektiven Mikroorganismen behindern.

Felix Olschewski – auf den Urgeschmack kommen

»Gut zu essen bedeutet Wertschätzung. Und die beginnt bereits bei der Auswahl und dem Einkauf von Lebensmitteln.«

2009 gründete der Koch und Buchautor, Felix Olschewski, das freie Internetportal www.urgeschmack.de und später www.weidefleisch.org. Dort veröffentlichte er rund 1000 Artikel, Rezepte und Videos über gesunde Ernährung. Auf diese Weise hilft er täglich Tausenden Menschen zu mehr Zufriedenheit beim Essen, u. a. durch ein 30-Tage-Programm zur Ernährungsumstellung, bei dem man nebenbei auch überschüssige Pfunde verlieren kann. Allerdings geht es ihm nicht um allgemeingültige Richtlinien oder gar Diäten. Da Menschen verschieden sind und einen unterschiedlichen Geschmack haben, kann es keine Ernährung geben, die für alle gleich ist. »Jeder muss die für sich am besten geeignete Ernährung finden.«

Eine neue Esskultur »Ich bin freier Autor, Musiker und Reisender und ich liebe gutes Essen«, sagt Felix Olschewski über sich selbst. Das war nicht immer so. Stress, Allergien und einige Kilos zu viel plagten ihn vor rund zehn Jahren. Nudeln, Schokolade, Cola, gezuckerter Kaffee bestimmten damals seinen Speiseplan. Verschiedene Versuche, überschüssige Pfunde loszuwerden, scheiterten. Bis sein Bruder, ein Leistungssportler, ihm von der Steinzeiternährung (Paleo) erzählte, von neuer Energie und Vitalität, die diese Ernährungsform mit sich bringe.

Felix Olschewski probierte es aus und ließ sich dabei mehrere Monate Zeit. Zunächst verzichtete er auf den gesüßten Kaffee, dann auf die Schokoriegel. Er reduzierte Brot und Backwaren, Pasta und Milchprodukte auf ein Minimum. Der Erfolg blieb nicht aus: Nach neun Monaten hatte er 20 Kilo abgenommen, fühlte sich dabei leistungsstark wie lange nicht mehr. Den »Urgeschmack« wiederzuentdecken und sich dabei gesund, schlank und froh zu fühlen ist etwas, das er seitdem an die vielen Menschen weitergeben möchte, die sich täglich an ihn wenden. Eine tragende Rolle spielen für Felix Olschewski die Begriffe »Nachhaltigkeit« und »ganzheitliche Esskultur«. »Nicht nur, was und wie viel wir essen, sondern auch wo, wie und mit wem wir speisen, beeinflusst unsere Gesundheit, unser Wohlbefinden und, um es ganz deutlich zu sagen, ob wir fett werden oder abnehmen.«

Die Liebe zu echten Lebensmitteln und zur Natur Für Felix Olschewski bedeutet das nicht, dass man zum Veganer werden sollte. Im Gegenteil: Er vertritt die Ansicht, dass Menschen, die nur pflanzliche Lebensmittel essen, keineswegs per se ökologisch und ethisch korrekter leben. Sicher werden für Veganer keine Ställe errichtet und keine Tiere mit Kraftfutter gemästet und industriell geschlachtet. Doch auch durch ihre Form der Ernährung, die pflanzliche Monokulturen erfordert, nehmen sie den Tieren ihren Lebensraum, meint Felix Olschewski. Wer aber stattdessen Weidefleisch esse, also Fleisch von Tieren, die sich mit Gras ernährt haben statt mit Kraftfutter, habe unter Umständen bei ganzheitlicher Betrachtung deutlich weniger tote Lebewesen zu verantworten als ein Veganer. »Wir müssen akzeptieren, dass beim Essen immer jemand das Nachsehen hat. Wer eine Beere pflückt, nimmt sie einem Vogel weg, wer einen Acker anlegt, zerstört einen Lebensraum für Tiere.«

So gelingt eine nachhaltige und wertschätzende Ernährung:

- Essen Sie viel frisches und buntes Obst und Gemüse
- Essen Sie lokal und saisonal
- Essen Sie nur hochwertige Tierprodukte
- Meiden Sie Zucker
- Prüfen Sie Ihren Getreidekonsum
- Meiden Sie billiges Pflanzenfett
- Prüfen Sie Ihren Milchkonsum

Grüne Rezepte

Und nun zum praktischen Teil: wie Sie Ihre Energiespeicher auf die denkbar angenehmste Art und Weise wieder auffüllen.

AUFSTRICHE UND DIPS

Vitaminstarker Sommersnack

Antipasti-Brotaufstrich

gelingt leicht

Für 2 Portionen

25 Min.

1 Aubergine • 1 Zucchini • 1 Paprika • 10 Champignons • 100 ml Olivenöl • 4 eingelegte Tomaten (Glas) • 4 Stängel Thymian • 2 Knoblauchzehen • Salz • Pfeffer, frisch gemahlen • 1 Spritzer weißer Balsamessig • Ciabatta

- Aubergine, Zucchini, Paprika und Champignons waschen und in Würfel schneiden.

- Das Gemüse wegen der unterschiedlichen Garzeiten einzeln nacheinander in Olivenöl in der Pfanne für wenige Minuten von allen Seiten anbraten – anschließend jeweils auf Küchenkrepp abtropfen lassen.

- Tomaten klein schneiden. Thymian zupfen, Knoblauch schälen, fein hacken – mit dem Gemüse und den Tomatenstücken vermischen. Mit Salz, Pfeffer und Essig würzen.

- Die Gemüsemasse durch ein Streichsieb streichen und in eine Schale oder ein dekoratives Glas füllen.

- Dazu Ciabatta-Scheiben reichen.

Immunschutz

Avocado-Creme

geht schnell
Für 2 Portionen
10 Min.

1 reife Avocado • 1 Knoblauchzehe • Saft von ½ Zitrone • 3 EL Olivenöl

- Avocado schälen, halbieren und den Kern entfernen. In kleine Stücke schneiden.

- Knoblauch schälen, durch eine Knoblauchpresse drücken und zu den Avocado-Stücken geben. Zitronensaft und Olivenöl unterrühren und alles mit dem Stabmixer zu einer feinen Creme pürieren.

Das passt dazu Stangenbrot. Besonders schmackhaft zu gebackenen Langusten.

Stoffwechsel-Turbo mit Fettsäuren

Olivenpaste

geht schnell
Für 2 Portionen
10 Min.

250 g entsteinte grüne Oliven • 25 g Pinienkerne • ½ TL Hanfsamen • 1 EL Olivenöl • 1 EL Leinöl • Salz • Pfeffer

- Oliven, Pinienkerne und Hanfsamen mit Olivenöl und Leinöl im Mixer pürieren.

- Mit Salz und Pfeffer abschmecken.

Frühjahrsputz für die Blutgefäße

Bärlauch-Aufstrich

geht schnell
Für 2 Portionen
10 Min.

½ Bund Bärlauch • 50 g Butter • 125 g Magerquark • 1 EL Zitronensaft • Salz • Pfeffer

- Bärlauch, waschen, trocken tupfen, die Stiele entfernen und die Blätter in kleine Stücke schneiden.

- Butter schmelzen, mit dem Quark und dem Zitronensaft verrühren.

- Bärlauch dazugeben und alles mit einem Stabmixer gut pürieren. Mit Salz und Pfeffer abschmecken.

Antibakteriell und verdauungsfördernd

Dill-Senf-Sauce

gelingt leicht
Für 2 Portionen
10 Min.

75 g Dill • 200 g mittelscharfer Senf • 125 g Kokosblütenzucker • etwas Zitronensaft • 90 g Sauerrahm • 50 ml Weißweinessig

- Dill waschen, fein schneiden. Mit den übrigen Zutaten leicht verquirlen.

Das passt dazu Räucherlachs

Tipp Verwendet man statt frischen getrockneten Dill, so ist die Senfsauce im Kühlschrank für 3–5 Tage haltbar.

» Bärlauch-Aufstrich

Entgiftend mit Omega 3 und Omega 6

Grüne Sauce

gelingt leicht
Für 2 Portionen
⏲ 10 Min.

80 g geriebener Parmesan • 2 EL glatte Petersilie (gehackt) • 2–3 Basilikumblätter (zerkleinert) • 1 Eigelb (hart gekocht) • 5 EL Olivenöl • 5 EL Leinöl • Salz • Pfeffer

- Parmesan, Petersilie, Basilikum und Eigelb in eine Schüssel geben.
- Mit dem Pürierstab mixen und dabei nach und nach die Öle einfließen lassen.
- Mit Salz und Pfeffer abschmecken.

Tipp Die Grüne Sauce ist vielseitig verwendbar. Sie passt zu Nudeln, Pellkartoffeln und Fleischgerichten.

Erfrischend mit Betacarotin und Kalium

Zaziki

geht schnell
Für 2 Portionen
⏲ 10 Min.

250 g Joghurt (3,5 %) • 2 EL Crème fraîche • 1 EL weißer Balsamessig • 2 EL Olivenöl • Salz • Pfeffer • etwas Zucker • 1 Knoblauchzehe • ½ Gurke • 2 Blätter Minze

- Joghurt und Crème fraîche gut verrühren.
- Essig, Olivenöl, Salz, Pfeffer und Zucker dazugeben.
- Den Knoblauch schälen, durch die Presse ins Dressing drücken.
- Gurke waschen, in eine separate Schüssel reiben und mit etwas Salz bestreuen.
- 5 Min. stehen lassen – bis keine Flüssigkeit mehr in der Schüssel ist.
- Die Gurkenmasse mit den Händen ausdrücken und ins Joghurt-Dressing rühren.
- Minze hacken und untermischen.

Das passt dazu Grillgut und Stangenbrot

Ballaststoffreich und abwehrstark

Kichererbsen-Mus mit Sesampaste

gut vorzubereiten
Für 2 Portionen
⏲ 60 Min. + 12 Std. Einweichzeit

120 g Kichererbsen • 1 Knoblauchzehe • Saft von 1 Limette • 1 EL Olivenöl • 1 EL Leinöl • 80 g Sesampaste (Tahini) • Salz • Pfeffer • ein paar grüne und schwarze Oliven

- Kichererbsen 12 Std. in reichlich Wasser einweichen.
- Wasser abgießen, sodass die Kichererbsen gerade noch bedeckt sind, und zum Kochen bringen – etwa 45 Min. kochen lassen. Aufsteigenden Schaum immer wieder abschöpfen.
- Kichererbsen abgießen, abtropfen lassen und in eine Rührschüssel geben.
- Knoblauch schälen, fein hacken und zusammen mit Limettensaft, Olivenöl und Leinöl zu den Kichererbsen geben.
- Alles gut pürieren, bis es eine musartige Konsistenz hat.
- Mit der Sesampaste verrühren und mit Salz und Pfeffer abschmecken.
- Den Dip in eine Schale füllen und mit grünen und schwarzen Oliven garnieren.

Das passt dazu Fladenbrot

Herzhafte Nervennahrung

Nuss-Paprika-Creme

gelingt leicht
Für 2 Portionen
⏲ 25 Min.

2 grüne Paprikaschoten • 2 Tomaten • 50 g Walnusskerne (zerkleinert) • 1 Knoblauchzehe (gehackt) • ½ Bd. glatte Petersilie (gehackt) • 1 EL Olivenöl • 2 EL Leinöl • ½ TL Harissa • Salz • 1 Spritzer Zitronensaft

- Paprika waschen, halbieren, entkernen und in Würfel schneiden.
- Tomaten mit heißem Wasser überbrühen, häuten und in Würfel schneiden.
- Von den Walnussstücken ein paar zur Seite legen.
- Knoblauch pressen. Mit Paprika, Tomaten und Petersilie vermischen.
- Alle Zutaten mit Oliven- und Leinöl zu einer Paste verquirlen.
- Mit Harissa, Salz und einem Spritzer Zitronensaft abschmecken.
- In eine Schale füllen und mit den zur Seite gelegten Walnusskernen bestreuen.

Tipp Harissa ist eine scharfe Gewürzmischung aus frischen Chilis, Kreuzkümmel, Knoblauch, Koriander, Salz und Olivenöl. Gibt's online oder im Supermarkt.

SALATE UND SUPPEN

Mit Vitamin D, B_6 und Folsäure

Babyspinat mit Avocado und Croûtons

gelingt leicht

Für 2 Portionen

25 Min.

2 Scheiben Toastbrot • 2 EL Sonnenblumenöl • Salz • 2 EL weißer Balsamessig • Pfeffer • 1 EL Honig • 125 g Babyspinat • 1 Avocado • 1 Schalotte • 2 Eier (hart gekocht)

- Toastbrot in Würfel schneiden und in 1 EL Sonnenblumenöl knusprig braten. Mit etwas Salz würzen – zur Seite stellen.

- Für die Vinaigrette: Essig, Salz, Pfeffer und Honig miteinander verrühren. 1 EL Sonnenblumenöl tröpfchenweise mit einem Schneebesen darunterschlagen.

- Spinat putzen, waschen, abtropfen lassen. Avocado schälen und in Spalten schneiden. Schalotte schälen und klein schneiden. Miteinander mischen, mit der Vinaigrette beträufeln.

- Eier in Würfel schneiden und unter den Salat mischen – mit den Croûtons garnieren.

Mit Vitamin C, Magnesium, Kalium

Feldsalat mit Gorgonzola

geht schnell
Für 2 Portionen
15 Min.

100 g Feldsalat • 1 Birne • 100 g Gorgonzola • 2 EL Walnussöl • 1 EL weißer Balsamessig • Salz • Pfeffer • etwas Agavendicksaft/Ahornsirup • ein paar Cranberrys

- Feldsalat waschen, putzen. Birne schälen, entkernen, in Stücke schneiden. Gorgonzola in Würfel schneiden.

- Aus Walnussöl, Balsamico, Salz, Pfeffer und Agavendicksaft ein Dressing herstellen und mit den übrigen Zutaten vermischen. Mit den Cranberrys garnieren.

Vitaminstark

Grüner Obstsalat

gelingt leicht
Für 2 Portionen
15 Min.

2 Kiwis • 100 g grüne Trauben • 1 grüner Apfel • 1 Birne • Saft von 1 Limette • 1 Msp. Camu-Camu • 1 EL Kokosblütenzucker • 1 EL Pistazienkerne

- Kiwis schälen und in Scheiben schneiden. Trauben waschen, halbieren. Apfel und Birne waschen, entkernen und in mundgerechte Stücke schneiden.

- Das Obst mit Limettensaft in einer Schale vermischen, Camu-Camu und Kokoszucker unterrühren, mit Pistazienkernen garnieren.

Stoffwechsel-Aktivator

Apfel-Thunfisch-Salat

geht schnell
Für 2 Portionen
15 Min.

1 roter Apfel • 1 rote Zwiebel • 1 hartgekochtes Ei • 1 kl. Dose Thunfisch in Öl • ½ Bund Staudensellerie • 1 Becher Crème fraîche • Salz • Pfeffer, frisch gemahlen

- Apfel, Zwiebel, Ei schälen und in kleine Würfel schneiden, in einer Schüssel mit dem Thunfisch vermischen. Staudensellerie schälen und in feine Ringe schneiden.

- Crème fraîche mit Salz und Pfeffer verrühren und alle Zutaten miteinander vermischen.

Vitamin-C-stark

Rucola-Avocado-Salat

geht schnell
Für 2 Portionen
15 Min.

100 g Rucola • 1 Avocado • 2 EL Kürbiskernöl • Saft von ½ Zitrone • 1 Msp. Camu-Camu • Salz • Pfeffer • 1 EL Kürbiskerne

- Rucola waschen, putzen. Avocado schälen, entkernen, in Stücke schneiden.

- Kürbiskernöl, Zitronensaft, Camu-Camu, Salz, Pfeffer in einer Schüssel anrühren. Rucola und Avocado-Stücke dazugeben. Den Salat mit Kürbiskernen bestreuen.

» Grüner Obstsalat

Vitamin E + B-Vitamine

Spargel-Salat

gelingt leicht
Für 2 Portionen
20 Min.

250 g grüner Spargel • 2 Stängel Petersilie • 2 Stängel Schnittlauch • 1 EL Olivenöl • 1 EL weißer Balsamessig • etwas Agavendicksaft • Salz • Pfeffer • 50 g Frischkäse • 1 Ei (hart gekocht) • 3 Cocktail-Tomaten • etwas Agavendicksaft

- Vom Spargel die Endstücke abschneiden und die untere Hälfte schälen, ca. 3 Min. in Salzwasser blanchieren, anschließend in kaltem Wasser abschrecken – die Stangen ganz lassen.

- Kräuter, waschen, Blätter abzupfen und hacken. Aus Öl, Essig, Agavendicksaft, etwas Spargelfond, Kräutern, Salz und Pfeffer eine Marinade anrühren. Den Frischkäse untermischen.

- Das Ei schälen und vierteln. Die Cocktail-Tomaten waschen und halbieren.

- Spargelsalat auf 2 Tellern anrichten und mit den Tomaten und dem Ei garnieren.

Das passt dazu Ciabatta, Baguette

Chlorophyllreich und antikarzinogen

Brokkoli-Salat mit Entenbrust

gut vorzubereiten
Für 2 Portionen
20 Min. + 30 Min. Ruhezeit

200 g Brokkoliröschen • Salz • 1 EL Olivenöl • 1 EL weißer Balsamessig • Pfeffer • etwas Agavendicksaft • 1 EL Preiselbeeren • 1 EL Crème fraîche • 1 geräucherte Entenbrust • 25 g Mandelplättchen

- Brokkoli putzen, 3–4 Min. in Salzwasser blanchieren, mit kaltem Wasser abschrecken.

- Aus Öl, Essig, Salz, Pfeffer, Agavendicksaft und etwas Brokkolifond eine Marinade anrühren. Die Röschen vorsichtig unterheben und ca. ½ Stunde ziehen lassen.

- Preiselbeeren mit Crème fraîche verrühren. Die geräucherte Entenbrust der Länge nach in dünne Scheiben schneiden.

- Die Mandelplättchen kurz im Backofen bei 190 Grad (Umluft 170 Grad) rösten.

- Die Entenbrustscheiben auf 2 Tellern verteilen, Brokkoliröschen danebensetzen, mit den Mandelplättchen bestreuen. Preiselbeer-Creme in einer Schale dazu reichen.

» Brokkoli-Salat mit Entenbrust

Mit Vitamin A + C, Eisen + Phosphor

Babyspinat mit gegrilltem Ziegenkäse

gelingt leicht
Für 2 Portionen
25 Min.

125 g Babyspinat • 1 EL Himbeeressig • 1 EL Honig • Salz • Pfeffer • etwas Kokosblütenzucker • 3 EL Olivenöl • 2 EL Himbeeren (frisch oder TK) • ein paar Goji-Beeren • 2 Tomaten • 2 Scheiben Ziegenkäserolle (fingerdick)

- Vom Spinat die dicken Stiele entfernen, waschen, abtropfen lassen.

- Für die Vinaigrette: Essig, Honig, Salz, Pfeffer, etwas Zucker gut miteinander verrühren. 2 EL Olivenöl langsam dazugießen. Himbeeren und Goji-Beeren untermischen. Spinat dazugeben – vermengen.

- Tomaten waschen, vierteln.

- Den Ziegenkäse in 1 EL Olivenöl von beiden Seiten ca. 3 Min. backen, bis er in der Mitte leicht geschmolzen ist.

- Den Babyspinat-Salat in der Mitte des Tellers anrichten, den Ziegenkäse auf die eine Seite des Tellers, die geviertelten Tomaten auf die andere Seite platzieren.

Fitness für Herz und Hirn

Feldsalat mit Orangenfilets

gelingt leicht
Für 2 Portionen
25 Min.

125 g Feldsalat • 8 Walnüsse • 1 EL weißer Balsamessig • Salz • Pfeffer • etwas Kokosblütenzucker • 3 EL Walnussöl • 1 Orange • ein paar Cranberrys

- Den Feldsalat waschen, putzen.

- Walnüsse entkernen und im vorgeheizten Backofen bei 160 Grad 5 Min. anrösten.

- Für die Vinaigrette: Essig, Salz, Pfeffer, Zucker verrühren. Das Öl langsam dazugießen.

- Die Orange schälen, filetieren.

- Feldsalat unter das Dressing mischen.

- Die gerösteten Walnüsse hacken.

- Den Feldsalat auf zwei Tellern anrichten, mit den Walnüssen, Orangenfilets und den Cranberrys garnieren.

Das passt dazu Ciabatta

Vitamin-C-reich

Chinakohl-Salat mit Hähnchenstreifen

wenig Aufwand
Für 2 Portionen
20 Min.

200 g Chinakohl • 1 kleine Knoblauchzehe • 1 Becher Buttermilch • 2 EL Olivenöl • 1 EL Weißweinessig • 1 Msp. Camu-Camu • Salz • Pfeffer • 2 Stk. Hähnchenbrust (300–400 g) • 2 EL Rapsöl

- Chinakohl waschen, in mundgerechte Stücke schneiden.

- Für das Dressing: Knoblauch schälen, fein hacken. Buttermilch, Olivenöl, Essig, Camu-Camu, Salz, Pfeffer und Knoblauch gut verrühren.

- Hähnchenbrust waschen, abtupfen und in Streifen schneiden – in einer Pfanne mit Rapsöl ca. 6–7 Min. von allen Seiten anbraten.

- Chinakohl unter das Dressing mischen – auf zwei Tellern anrichten. Die Putenstreifen auf dem Salat drapieren.

Biotin, Vitamin K, ballaststoffreich

Grüne-Bohnen-Salat

gut vorzubereiten
Für 2 Portionen
20 Min. + 30 Min. Ruhezeit

250 g grüne Bohnen • Salz • 1 rote Zwiebel • 1 Knoblauchzehe • 1 EL Olivenöl • 1 EL weißer Balsamessig • Pfeffer • 1 EL gehackte Petersilie • 2 Zweige Thymian

- Von den Bohnen die Fäden entfernen. In Salzwasser ca. 10–12 Min. kochen und anschließend mit kaltem Wasser abschrecken.

- Zwiebel und Knoblauch schälen, in Würfel schneiden.

- Olivenöl und Balsamessig in einer Salatschüssel mit Salz, Pfeffer, Zwiebel und Knoblauch verrühren.

- Petersilie und Thymian klein schneiden – beides in die Vinaigrette einrühren.

- Die Bohnen untermischen und ca. ½ Std. vor dem Verzehr ziehen lassen.

Das passt dazu Grillfleisch

Vitamin-C- und Chlorophyll-Cocktail

Zucchinicreme-Suppe

gelingt leicht
Für 2 Portionen
⏲ 30 Min.

2 TL Pflanzenöl • 1 Zwiebel • 1 Knoblauchzehe • 1 mittelgroße Kartoffel • 1 Stück Sellerie • Fruchtfleisch von 2 Zucchini-Kugeln (Seite 104) • 0,75 l Wasser • 200 ml Sahne • 1 TL Gerstengraspulver • Salz • Pfeffer • Muskatnuss

- Das Öl in einem Topf erhitzen. Die Zwiebel schälen, in Würfel schneiden und im Öl andünsten. Knoblauch würfeln und dazugeben.

- Kartoffel und Sellerie schälen, mit Zucchini in Würfel schneiden. Zu Zwiebel und Knoblauch geben und 5 Min. köcheln lassen.

- Wasser dazugeben und ca. 15 Min. kochen lassen. Sahne hinzufügen – nochmals 3 Min. köcheln lassen.

- Gerstengraspulver einrühren und mit dem Stabmixer pürieren. Mit Salz, Pfeffer, Muskatnuss abschmecken.

Tipp Je größer die Zucchini, desto weniger Geschmack hat das Fruchtfleisch. Denn das gurkenähnliche Gemüse enthält sehr viel Wasser.

Mit Biotin, Phosphor, Jod

Spinatcreme-Suppe

gelingt leicht
Für 2 Portionen
⏲ 20 Min.

350 g Spinat (TK) • 1 Zwiebel • 2 EL Rapsöl • 1 Knoblauchzehe • ½ l Gemüsebrühe oder Wasser • 200 ml Sahne • Salz • Pfeffer • Muskatnuss

- Den Spinat abtropfen lassen und klein schneiden.

- Die Zwiebel schälen, in Würfel schneiden und in dem erhitzten Rapsöl dünsten. Knoblauch schälen, würfeln, dazugeben.

- Jetzt den Spinat unterheben, mit Gemüsebrühe oder Wasser aufgießen und bei geringer Temperatur rund 5 Min. köcheln lassen.

- Die Sahne hinzufügen und nochmals 3 Min. köcheln lassen.

- Mit dem Stabmixer gut pürieren – mit Salz, Pfeffer, Muskatnuss abschmecken.

Das passt dazu Geräucherter Lachs, in Streifen geschnitten, in die Suppe streuen

Kein anderer Salat hat mehr Vitamin A + C

Feldsalat-Suppe mit Croûtons

wenig Aufwand
Für 2 Portionen
⏲ 20 Min.

- 1 Zwiebel
- 20g Butter
- etwas Mondamin
- ⅛ l Weißwein
- 300 ml Hafermilch (ohne Zuckerzusatz)
- 1½ Becher Sahne
- Salz
- Pfeffer
- Muskatnuss
- 125 g Feldsalat
- 2 Scheiben Vollkorntoastbrot

● Zwiebel schälen, klein würfeln und in einem Topf mit Butter und Mondamin goldgelb andünsten.

● Mit Weißwein ablöschen, köcheln lassen, bis dieser verdampft ist.

● Milch und Sahne dazugießen – kurz aufkochen lassen und anschließend gut umrühren. Mit Salz, Pfeffer, Muskatnuss würzen.

● Feldsalat putzen, waschen und zur Milch-Sahne-Mischung geben – mit dem Pürierstab durchmixen.

● Für die Croûtons: Toastscheiben mit Salz und Pfeffer bestreuen, in Würfel schneiden. In einer Pfanne etwas Butter erhitzen und die Toastwürfel darin anbräunen.

● Suppe auf zwei Teller verteilen und mit den Croûtons bestreuen.

Feurig und vitaminreich

Andalusisches Gazpacho im Glas

wenig Aufwand
Für 2 Portionen
20 Min.

6 Fleischtomaten • 1 Knoblauchzehe • 1 Ei (hart gekocht) • 1 altes Brötchen (zerkleinert) • 1 EL Petersilie (klein gehackt) • 2 EL Olivenöl • Salz • Pfeffer

- Tomaten mit heißem Wasser überbrühen, Haut abziehen und in Rechtecke schneiden.
- Knoblauch schälen, klein hacken.
- Ei schälen und in Würfel schneiden.
- Tomaten, Brötchen, Petersilie, Knoblauch und Olivenöl mit dem Mixer sämig pürieren. Mit Salz und Pfeffer abschmecken.
- In zwei Gläser füllen und das klein gehackte Ei darüber verteilen.

Vitamin-C-stark

Paprika-Zucchini-Suppe

gelingt leicht
Für 2 Portionen
30 Min.

1 Zwiebel • 2 EL Butter • 1 Knoblauchzehe • ¾ l Gemüsebrühe • 2 Zucchini • je 1 grüne und 1 rote Paprika • Salz • Pfeffer • Paprikapulver • 5–6 Basilikumblätter

- Zwiebel abziehen, fein hacken und in Butter andünsten.
- Knoblauch schälen, durchpressen und dazugeben.
- Mit der Gemüsebrühe aufgießen.
- Zucchini waschen, putzen und klein würfeln.
- Paprika halbieren, putzen und ebenfalls würfeln.
- Das Gemüse zur Suppe geben und ca. 20 Min. köcheln lassen. Mit Salz, Pfeffer und Paprikapulver würzen.
- Vor dem Servieren die Basilikumblätter über die Suppe streuen.

Erfrischend und entwässernd

Grünes Gazpacho

gelingt leicht

Für 2 Portionen

25–30 Min.

- 2 grüne Paprika
- 1 Knoblauchzehe
- 1 Salatgurke
- 1 grüne Peperoni
- 2 Scheiben Weißbrot/Toastbrot
- 300 ml Wasser
- Saft von 1 Limette
- 4 EL Olivenöl
- Salz
- Pfeffer

- Paprika waschen, halbieren, entkernen und für ca. 5 Min. bei 200 Grad in den Backofen schieben.

- Paprika aus dem Ofen nehmen, die Haut mit einem dünnen Messer abziehen und in kleine Würfel schneiden.

- Die Gurke waschen, der Länge nach halbieren, Kerne entfernen und würfeln.

- Peperoni entkernen, in dünne Streifen schneiden. Knoblauch schälen, fein hacken. Das Weißbrot in Würfel schneiden und mit dem Wasser pürieren.

- Paprika-, Gurken-, Knoblauch- und Peperoni-Stücke, Limettensaft und Olivenöl dazugeben und alles noch einmal kräftig durchmixen. Salzen und pfeffern. Auf 2 Teller verteilen – kalt genießen!

SNACKS UND KLEINE GERICHTE

Macht Appetit und gute Laune

Blätterteigschnecken mit Basilikum-Pesto

wenig Aufwand

Für 2 Portionen

10 Min. + 20–25 Min. Backzeit

1 Knoblauchzehe • 4–5 getrocknete Tomaten • 1 Topf Basilikum • 50 ml Olivenöl • 25 g geriebener Parmesan • 25 g Pinienkerne • Salz • Pfeffer • 1 Blatt Blätterteig • 1 Eigelb

- Knoblauch schälen, klein schneiden. Tomaten in feine Würfel schneiden.

- Basilikum waschen, Blätter abzupfen. Basilikum, Olivenöl, Knoblauch, Tomatenstücke, Parmesan und Pinienkerne mit dem Stabmixer pürieren. Mit Salz und Pfeffer abschmecken.

- Blätterteig ausrollen. Das fertige Pesto gleichmäßig darauf verteilen.

- Den Blätterteig der Länge nach eng einrollen und in 1 cm dicke Scheiben schneiden. Mit der Breitseite nach oben auf das Blech setzen und die Schnecken mit Eigelb bestreichen.

- Im vorgeheizten Backofen auf 200 Grad (Umluft 180 Grad) ca. 20–25 Min. backen.

Zum Anbeißen – mit Biotin + Betacarotin

Grüner Spargel im Weinteig

gelingt leicht
Für 2 Portionen
15–20 Min.

1 Ei • 50 g Mehl • ⅛ l trockener Weißwein • etwas Salz • 250 g grüner Spargel • Sonnenblumenöl zum Frittieren

- Ei, Mehl und Weißwein miteinander verrühren, etwas Salz dazugeben.
- Den grünen Spargel waschen, abtropfen lassen und die untere Hälfte dünn schälen. In den Teig eintauchen.
- Ausreichend Sonnenblumenöl in der Pfanne zum Sieden bringen. Den Spargel ca. 5–6 Min. von allen Seiten frittieren. Auf Küchenkrepp abtropfen lassen.

Das passt dazu Kräuterkartoffeln oder Aioli

Tipp Grüner Spargel wächst im Unterschied zu weißem Spargel über dem Boden, ist deshalb chlorophyllhaltig. Er muss kaum geschnitten werden – wenn überhaupt, ist er nur im unteren Drittel holzig.

Muntermacher mit ätherischen Ölen

Gebratener grüner Spargel

wenig Aufwand
Für 2 Portionen
30 Min.

250 g grüner Spargel • 2 Knoblauchzehen • 2 Zweige Thymian • 4 TL Olivenöl • Salz • Pfeffer

- Den grünen Spargel waschen, abtropfen lassen und die untere Hälfte dünn schälen, gegebenenfalls das holzige Endstück abschneiden. Den Spargel in Stücke schneiden.
- Knoblauch schälen, fein hacken. Thymian waschen und zupfen.
- Olivenöl in der Pfanne erhitzen, die Spargelstücke dazugeben und ca. 4–5 Min. anbraten.
- Thymian und Knoblauch hinzufügen und bei geringer Temperatur für 4–5 Min. weiterbraten.
- Mit Salz und Pfeffer würzen.

Das passt dazu Fischfilet

» Gebratener grüner Spargel

Verdauungsfördernd mit Carotinoiden

Grüne-Bohnen-Püree auf Fleischtomaten

gelingt leicht
Für 2 Portionen
30 Min.

200 g grüne Bohnen (frisch oder TK) • etwas Bohnenkraut (frisch oder getrocknet) • 1 Schalotte • 1 Knoblauchzehe • 2 EL Olivenöl • etwas Gemüsebrühe • Salz • Pfeffer • 80 g Schafskäse • 1 TL Sesam • 2 Fleischtomaten

- Bohnen putzen, in kleine Stücke schneiden. Schalotte und Knoblauch fein hacken.

- Schalotte in Olivenöl schmelzen. Bohnenstücke, Knoblauch und Bohnenkraut dazugeben – alles dünsten.

- Mit 2 EL Brühe aufgießen und auf kleiner Temperatur weiterdünsten – so lange, bis die Bohnen weich sind (ca. 15–20 Min.). Gegebenenfalls noch 1 EL Brühe dazugeben. Mit Salz und Pfeffer abschmecken.

- Schafskäse mit einer Gabel zerbröseln. Alles mit dem Stabmixer pürieren, zum Schluss Sesam untermischen.

- Fleischtomaten in Scheiben schneiden, auf einem Teller platzieren.

- Das Bohnenpüree auf den Tomatenscheiben verteilen.

- Wichtig: Die gedünsteten Bohnen sollten eine feste Masse ergeben. Im Topf darf keine Flüssigkeit übrig bleiben.

Das passt dazu Vollkornreis, Couscous

Vitamin- und Mineralstoff-Cocktail

Canapés mit Gemüseaufstrich

gelingt leicht
Für 2 Portionen
15 Min. + 25 Min. Backzeit

4–5 EL Olivenöl • ½ Aubergine • ½ Zucchini • 1 rote Paprika • 2 Tomaten • Salz • Pfeffer • 1 Schalotte • 1 Knoblauchzehe • 1 Frühlingszwiebel • je 1 EL gehackte Minze, Schnittlauch, schwarze und grüne Oliven • ein paar Blätter Basilikum • ein paar Cranberrys • 1 EL Paprikapulver • 1 Ciabatta

- Backofen auf 190 Grad (Umluft 170 Grad) vorheizen. Ein Backblech mit Öl bestreichen.

- Das Gemüse in Streifen schneiden, auf das Blech legen und mit 2–3 EL Öl bepinseln. Salzen und pfeffern. Circa 15 Min. grillen. Dann mit einer Gabel zerdrücken, in eine Schüssel geben.

- Schalotte, Knoblauch und Frühlingszwiebel in kleine Würfel schneiden. Mit den Kräutern, Oliven, Basilikum, Cranberrys und 2 EL Öl zum Gemüse geben und zu einer Paste vermischen. Mit Salz, Pfeffer und Paprikapulver würzen.

- Ciabatta in 1,5 cm dicke Scheiben schneiden und im vorgeheizten Backofen bei 200 Grad (Umluft 180 Grad) ca. 3–4 Min. von jeder Seite rösten. Ciabatta mit dem Gemüseaufstrich belegen.

» Canapés mit Gemüseaufstrich

Belebend mit Betacarotin + Kalium

Gurken-Häppchen mit Frischkäsefüllung

gelingt leicht
Für 10 Stück
25 Min.

1 Gurke • 1 Knoblauchzehe • 150 g Frischkäse • 2 EL Olivenöl • 1 EL frischer, gehackter Dill • Salz • Pfeffer • 10 schwarze Oliven, ohne Kerne • 5 Kirschtomaten

- Gurke waschen und der Länge nach dreimal runterschälen, sodass ein Hell-dunkel-Muster entsteht: geschälter Streifen und nicht geschälter Streifen im Wechsel.

- Gurke in 2–3 cm dicke Scheiben schneiden und mit einem Löffel die Kerne ausstechen, sodass der Boden erhalten bleibt.

- Knoblauch schälen und fein hacken.

- Frischkäse mit Olivenöl, Dill, Knoblauch mischen, mit Salz und Pfeffer würzen.

- Die Frischkäsemischung in einen Spritzbeutel füllen und die Gurkenstücke damit befüllen – auf einem Teller anrichten.

- Oliven in Ringe schneiden, Kirschtomaten halbieren und rund um die Gurkenhäppchen platzieren.

Reguliert den Flüssigkeitshaushalt

Auberginen-Snack

geht schnell
Für 10 Stück
15 Min.

1 Aubergine • 2 EL Olivenöl • 2 Tomaten • 150 g Schafskäse • 1 TL Kräuter der Provence • Salz • Pfeffer • ein paar Blätter Basilikum

- Aubergine waschen, trocken tupfen und in ½ cm dünne Scheiben schneiden. In heißem Olivenöl in der Pfanne von beiden Seiten goldgelb anbraten. Aus der Pfanne nehmen und auf Küchenkrepp abtropfen lassen.

- Tomaten waschen, entkernen und in Würfel schneiden. Schafskäse mit einer Gabel zerkrümeln. Auf zwei Tellern die Auberginenscheiben verteilen.

- Der Reihe nach Käse, Tomatenwürfel und Kräuter auf die Auberginen schichten.

- Mit wenig Salz und etwas Pfeffer aus der Mühle würzen. Zum Schluss mit den Basilikumblättern garnieren.

Tipp Das Olivenöl beim Braten der Auberginen soll zwar heiß sein, darf aber eine Temperatur von 170 Grad nicht überschreiten, da das Öl sonst verbrennt.

Weckt müde Geister

Gebratene Gemüse-Spieße mit Dip

gelingt leicht
Für 2 Portionen
25 Min.

1 Zucchini • 1 kl. Aubergine • 1 rote Paprika • 4 Holzspieße • 3 EL Olivenöl • Salz • Pfeffer • Kräuter der Provence • 1 Knoblauchzehe • 125 g Crème fraîche • 4 Halme Schnittlauch • etwas Zitronensaft • 1 Msp. Camu-Camu

- Gemüse waschen, putzen, in mundgerechte Stücke schneiden und auf die Spieße setzen.

- In der Pfanne mit Olivenöl ca. 10 Min. von allen Seiten schmoren. Mit Salz, Pfeffer würzen und zum Schluss mit Kräutern der Provence bestreuen.

- In der Zwischenzeit Knoblauch schälen, pressen und mit Crème fraîche verrühren. Schnittlauch waschen, in Röllchen schneiden, dazugeben. Mit Zitronensaft, Camu-Camu, Salz und Pfeffer abschmecken.

Das passt dazu Baguette

Kaliumstark

Apfel-Käse-Toast

geht schnell
Für 2 Portionen
20 Min.

1 großer Apfel • 2 EL Butter • Salz • Pfeffer • etwas Kokoszucker • 2 Eier • 4 Scheiben Toastbrot • etwas Semmelbrösel • 4 Scheiben Gouda

- Apfel schälen und grob raspeln.

- 2 EL Butter in der Pfanne erhitzen und die geraspelten Apfelstücke darin glasig dünsten. Mit Salz, Pfeffer und Zucker würzen.

- Eier verquirlen und über die Apfelpfanne gießen – stocken lassen.

- Die Apfel-Ei-Masse auf den Toastscheiben verteilen. Mit etwas Semmelbrösel bestreuen und mit einer Scheibe Gouda belegen.

- Im Backofen bei 180 Grad ca. 5 Min. überbacken.

Das passt dazu Feldsalat mit Orangenfilets (Seite 74)

Kraftvoll mit Vitamin B_1, B_2, E + K

Erbsen-Ragout

gelingt leicht
Für 2 Portionen
35 Min.

1 Zwiebel • 20 g Butter • 250 ml Tomatensauce (Dose) • 250 g Erbsen (TK) • 125 g Karotten • 1 Knoblauchzehe (gewürfelt) • Salz • Pfeffer • 5 Blätter Basilikum

- Zwiebel schälen, in Würfel schneiden und in der Butter schmelzen.
- Die Tomatensauce einrühren und ca. 10 Min. köcheln lassen.
- In der Zwischenzeit die Erbsen in heißem Wasser wenige Minuten blanchieren. Die Karotten schälen, in Würfel schneiden.
- Erbsen, Karotten und Knoblauch in die Tomatensauce geben. Mit Salz und Pfeffer würzen. Auf niedriger Hitze alles noch mal 15 Min. weiterköcheln lassen.
- Basilikumblätter waschen, in Streifen schneiden und ganz zum Schluss über das Erbsen-Ragout geben.

Das passt dazu Vollkornnudeln, Basmatireis

Mit Carotinoiden, Vitaminen B_2, B_6 + K

Kräuter-Bruschetta mit Champignons

gelingt leicht
Für 2 Portionen
20 Min. + 5 Min. Backzeit

8 Scheiben Ciabatta • 2 Fleischtomaten • 4 Champignons • 1 Knoblauchzehe • 4 Stängel Petersilie (glatt) • 6 Blätter Basilikum • 2 EL Olivenöl • Salz • Pfeffer, frisch gemahlen

- Ciabatta-Scheiben im Backofen auf 200 Grad (Umluft 180 Grad) ca. 5 Min. rösten.
- Tomaten waschen, vierteln, Kerne entfernen und in feine Würfel schneiden.
- Champignons waschen, putzen, in kleine Stücke schneiden.
- Knoblauch schälen, fein hacken. Kräuter waschen, ebenfalls fein hacken.
- Alles mit Olivenöl vermischen und mit Salz und Pfeffer würzen. Die Ciabatta-Scheiben damit belegen.

Eiweißreicher Sommer-Snack

Käse-Spinat-Kugeln

geht schnell

Für 2 Portionen

15 Min. + 1–2 Std. Kühlzeit

- 20 g weiche Butter
- 100 g Frischkäse
- 100 g Babyspinat
- 3 EL frische, gehackte Kräuter (z. B. Koriander, Petersilie, Dill)
- 1 Knoblauchzehe
- 100 g geriebener Parmesan
- Salz
- Pfeffer
- 2 EL gehackte Mandeln

● Butter und Frischkäse mit einem Schneebesen sämig schlagen.

● Babyspinat waschen und fein schneiden – zum Frischkäse geben. Kräuter untermischen.

● Knoblauch schälen, fein schneiden und mit dem Parmesan unterrühren. Mit Salz und Pfeffer abschmecken.

● Die Mischung für 1–2 Std. im Kühlschrank fest werden lassen.

● Anschließend zu kleinen Kugeln formen und in den gehackten Mandeln wälzen.

Tipp Die Mandeln kann man zuvor auch im Backofen kurz anrösten und anschließend abkühlen lassen, bevor man die Käse-Spinat-Kugeln darin wälzt.

Gut für Blutbildung und Abwehrkräfte

Tagliatelle mit Mangold und Tomaten

wenig Aufwand
Für 2 Portionen
25–30 Min.

300 g Mangold • 1 Zwiebel • 40 g Butter • 1 Knoblauchzehe • 2 Tomaten • 300 ml Sahne • Salz • Pfeffer • Muskatnuss • 250 g Tagliatelle • ein paar Blätter glatte Petersilie

- Mangold waschen, putzen und in Stücke schneiden.

- Zwiebel schälen, in kleine Würfel schneiden – mit Butter in der Pfanne andünsten. Mangold-Stücke dazugeben und bei geringer Temperatur weiterdünsten.

- Knoblauch schälen, klein schneiden und daruntermischen. Alles etwa 10 Min. köcheln lassen.

- Tomaten waschen, in Würfel schneiden – zur Mangoldpfanne geben. Sahne dazugießen, mit Salz, Pfeffer und Muskatnuss abschmecken.

- In der Zwischenzeit die Tagliatelle in Salzwasser kochen, abgießen, abtropfen lassen und auf zwei Teller verteilen.

- Die Mangold-Tomaten-Sauce darübergeben und mit Petersilie garnieren.

Tipp Wer es gerne etwas feuriger mag, kann die Tomatensauce mit einer roten Chilischote (entkernt und klein geschnitten) ergänzen.

Mit Carotinoiden und Biotin

Spinat-Gnocchi mit Käse

wenig Aufwand
Für 2 Portionen
20 Min.

250 g Blattspinat (TK) • 1 Zwiebel • 2 Knoblauchzehen • 2 EL Olivenöl • 2 mittelgroße Tomaten • Salz • Pfeffer • 400 g Gnocchi • 120 g geriebener Edamer-Käse

- Spinat auftauen lassen.

- Zwiebeln und Knoblauch schälen, fein würfeln, in heißem Olivenöl anbraten. Den Spinat grob schneiden, dazugeben und ca. 5 Min. dünsten.

- Tomaten waschen, in Würfel schneiden, unterheben und alles etwa 5 Min. köcheln lassen. Mit Salz und Pfeffer abschmecken.

- In der Zwischenzeit Gnocchi in reichlich Salzwasser ca. 5 Min. kochen. Abgießen und zum Gemüse geben, kurz erhitzen, mit Käse bestreuen – servieren.

» Tagliatelle mit Mangold und Tomaten

Chlorophyllstarker Zellschutz

Penne mit Petersilien-Pesto

gelingt leicht
Für 2 Portionen
20 Min.

250 g Penne • ½ Bund krause Petersilie • 1 Knoblauchzehe • 1 TL Butter • 4 EL Olivenöl

- Penne in Salzwasser kochen, abgießen.
- In der Zwischenzeit Petersilie waschen, zupfen. Knoblauch schälen, klein schneiden.
- Petersilie und Knoblauch mit Butter und Olivenöl pürieren.
- Penne und Petersilien-Pesto mischen. Auf zwei Teller verteilen.

Gefäßschutz

Bärlauch-Spätzle

gelingt leicht
Für 2 Portionen
20 Min.

100 g Bärlauch • 2 EL Olivenöl • 500 g Mehl • 5 Eier • Salz • Pfeffer • Muskatnuss • 2 EL geriebener Parmesan

- Bärlauch waschen, putzen, mit Olivenöl fein mixen.
- Mehl und Eier verquirlen. Bärlauch-Olivenöl-Mischung dazugeben und mit Salz, Pfeffer und Muskatnuss abschmecken. Alles zu einem Teig kneten.
- Den Teig mit einem Spätzle-Hobel in kochendes Salzwasser hobeln.
- Gut 2 Min. kochen, abgießen und mit kaltem Wasser abschrecken.
- Die Spätzle auf zwei Teller verteilen und mit Parmesankäse bestreuen.

Mit B-Vitaminen, Kalium + Phosphor

Kräuter-Schupfnudeln

gelingt leicht
Für 2 Portionen
30 Min.

500 g geschälte Kartoffeln • 75 g gemischte Kräuter (Petersilie, Salbei, Thymian) • 150 g Wiener Grießler-Mehl • 1 Eigelb • 20 g Butter

- Kartoffeln weich kochen, abgießen und durch eine Kartoffelpresse drücken.
- Kräuter waschen, zupfen und klein schneiden.
- Kartoffelmasse, Kräuter, Mehl und Eigelb gut vermengen. Den Teig kneten, rollen und zu fingerdicken Stücken formen.
- In heißem Wasser ca. 5 Min. aufkochen – anschließend 4 Min. ziehen lassen.
- In der Pfanne Butter schmelzen und die Schupfnudeln darin goldbraun schwenken.
- Auf zwei Teller verteilen.

Tipp Bei Wiener Grießler-Mehl handelt es sich um ein sogenanntes doppelgriffiges Mehl, das besonders gut für Teige geeignet ist, die griffig sein sollen.

Vitamin B_2 + K, Calcium + Folsäure

Brokkoli-Kartoffel-Puffer

gelingt leicht
Für 2 Portionen
30 Min.

2 große Kartoffeln • 150 g Brokkoliröschen • 50 g Mandelplättchen • 1 Eigelb • Salz • Pfeffer • Rapsöl • 200 g Quark (40 %) • je 1 TL klein gehackte Petersilie und Schnittlauch • 1 EL Olivenöl • ein paar Spritzer Zitronensaft

- Kartoffeln weich kochen, abschütten und durch eine Kartoffelpresse drücken.
- Brokkoli waschen, ca. 5 Min. kochen, kalt abschrecken, abtropfen lassen.
- Mandelplättchen ca. 4 Min. im Backofen bei 190 Grad (Umluft 170 Grad) rösten.
- Kartoffeln, Brokkoli, Mandeln und Eigelb vermischen, mit Salz und Pfeffer abschmecken. In ausreichend Rapsöl in der Pfanne von beiden Seiten goldgelb braten.
- In der Zwischenzeit Quark, Kräuter, Olivenöl, etwas Zitronensaft, Salz und Pfeffer vermischen und zu den Puffern servieren.

Mineralstoff-Cocktail

Quark-Küchlein mit Mangold

gut vorzubereiten
Für 2 Portionen
20 Min. + 1,5 Std. Ruhezeit

250 g Quark • 60 g Gries • 1 Ei • 30 g geriebener Parmesan • Salz • Pfeffer • Muskatnuss • 100 g Mangold • 1 Schalotte • 1 Knoblauchzehe • 3 EL Butter

- Quark in ein Küchentuch wickeln, durch ein Sieb pressen, abtropfen lassen – ca. 1 Std. ruhen lassen.

- Quark, Gries, Ei, Parmesan verquirlen und mit Salz, Pfeffer und Muskatnuss abschmecken. Dann ca. ½ Std. stehen lassen.

- In der Zwischenzeit Mangold waschen, putzen, in feine Streifen schneiden.

- Schalotte schälen, in Würfel schneiden. Knoblauch hacken. Beides in 1 EL Butter glasig dünsten. Mangold dazugeben und etwa 2 Min. mitdünsten.

- Mangold aus der Pfanne heben, grob hacken und zusammen mit der Schalotte in die Quarkmasse geben – gut untermischen.

- Die restlichen 2 EL Butter in der Pfanne schmelzen. Mit einem Löffel den Quark aus der Schüssel nehmen und zu Küchlein backen – ca. 4. Min. von jeder Seite auf mittlerer Temperatur.

Das passt dazu Feldsalat mit Orangenfilets (Seite 74)

Vitamin-C- und mineralstoffreich

Gefüllte Paprika

gelingt leicht
Für 2 Portionen
35 Min. + 25 Min. Backzeit

250 g Kartoffeln (weichkochend) • etwas Petersilie • 2 Eigelb • 1 Ei • Salz • Pfeffer • Muskatnuss • 2 grüne Paprikaschoten

- Kartoffeln schälen, kochen, abgießen und durch eine Presse drücken. Petersilie waschen, klein hacken, zum Kartoffelmus geben.

- Eigelb, Ei und Gewürze einrühren – gut vermischen.

- Paprika waschen, den Deckel abschneiden und aushöhlen. Mit der Kartoffelmasse füllen, den Deckel daraufsetzen.

- 20–25 Min. bei 190 Grad (Umluft 170 Grad) backen.

Das passt dazu Wildkräutersalat (Seite 25)

» Quark-Küchlein mit Mangold

Mit Vitamin B_2 + K, Calcium, Folsäure, Jod

Brokkoli-Auflauf

gelingt leicht
Für 2 Portionen
25 Min. + 20 Min. Backzeit

500 g Brokkoli • Salz • 3 Tomaten • 1 Zwiebel • etwas Butter • 1 EL Mehl • 200 ml Milch (3,5 %) • 100 g Blauschimmelkäse • 2–3 Scheiben Gouda • Pfeffer

- Brokkoli putzen, waschen und in Röschen teilen. In Salzwasser ca. 5 Min. blanchieren – abgießen und abtropfen lassen.
- Tomaten waschen, vierteln und in dünne Scheiben schneiden.
- Zwiebel schälen und klein schneiden, in einem Topf mit etwas Butter andünsten. Mehl hinzufügen. Mit Milch auffüllen und zu einer Sauce einkochen.
- Käse klein schneiden und zur Sauce geben. Bei schwacher Hitze wenige Minuten köcheln lassen. Mit Salz und Pfeffer abschmecken.
- Eine Auflaufform mit Butter bestreichen. Brokkoli und Tomaten in die Form schichten. Sauce darübergießen.
- Im Backofen bei 200 Grad (Umluft 180 Grad) ca. 15–20 Min. überbacken.

Eiweiß- und ballaststoffreich

Überbackener Rosenkohl

gelingt leicht
Für 2 Portionen
25 Min. + 15 Min. Backzeit

500 g Rosenkohl • 1 Zwiebel • 1 Knoblauchzehe • 2–3 EL Butter • 100 ml Gemüsebrühe • Muskatnuss • Salz • Pfeffer • 2 EL Semmelbrösel

Rosenkohl putzen und waschen. Zwiebel und Knoblauch schälen, fein hacken.

- In einem Topf etwas Butter erhitzen: Zwiebel und Knoblauch darin anschmoren.
- Rosenkohl dazugeben, kurz mitschmoren und mit der Gemüsebrühe ablöschen. Mit Muskatnuss würzen. Topfdeckel schließen und den Rosenkohl bei schwacher Hitze etwa 15 Min. garen.
- Eine Auflaufform mit Butter bestreichen und die Rosenkohlmischung hineinfüllen. Mit Salz und Pfeffer würzen.
- In einer Pfanne etwas Butter aufschäumen und die Semmelbrösel darin goldbraun anrösten – über das Gemüse verteilen.
- Im Backofen bei 200 Grad (Umluft 180 Grad) ca. 15 Min. backen.

» Überbackener Rosenkohl

Vitamin A, C + Ballaststoffe

Zucchini-Auflauf

gelingt leicht
Für 2 Portionen
10 Min. + 20 Min. Backzeit

2–3 mittelgroße Zucchini • 1 Knoblauchzehe • 2 Zweige frischer Thymian • 4 Eier • 200 ml Sahne • Salz • Pfeffer • Muskatnuss

- Zucchini waschen und in dünne Scheiben schneiden, in eine Auflaufform schichten.

- Knoblauch schälen, würfeln, Thymian waschen und zupfen – über die Zucchini streuen.

- Eier mit der Sahne verquirlen und über die Zucchini gießen. Mit Salz, Pfeffer und Muskatnuss würzen.

- Im vorgeheizten Ofen bei 200 Grad (Umluft 180 Grad) ca. 20 Min. backen.

Vitaminstark und belebend

Gemüsebolognese mit Bärlauch

gelingt leicht
Für 2 Portionen
35 Min.

1 Zwiebel • 2 EL Olivenöl • 1 Karotte • 100 g Sellerie • 1 Zucchini • 250 g Tomatensauce • 125 g Bärlauch • Salz • Pfeffer • etwas Birkenzucker • ein paar Cranberrys

- Zwiebel, Karotte und Sellerie schälen und in Würfel schneiden.

- Zuerst Zwiebel in Olivenöl schmelzen, dann die Karotte dazugeben – ca. 2 Min. dünsten lassen. Sellerie unterrühren und für weitere 2 Min. dünsten lassen.

- Zucchini waschen, schneiden, in Würfel schneiden – und unter das Gemüse mischen.

- Tomatensauce einrühren, kurz aufkochen und für ca. 10 Min. weiterköcheln lassen.

- In der Zwischenzeit Bärlauch waschen, klein schneiden, in die Gemüsebolognese geben – für nochmals 5 Min. mitkochen. Mit Salz, Pfeffer und Zucker abschmecken.

- Cranberrys über die fertige Sauce streuen.

Das passt dazu Bandnudeln

Vitamin-C-stark

Paprikaschoten mit Schafskäse

gelingt leicht
Für 2 Portionen
⏲ 15 Min. + 20 Min. Backzeit

2 grüne Paprika • 100 g Schafskäse • 1 Zwiebel • 1 Bund Schnittlauch • 1 Knoblauchzehe • Salz • Pfeffer, frisch gemahlen • 1 Zwiebel • 2 Tomaten • 1 EL Olivenöl • ¼ l Gemüsebrühe • 2 EL Tomatenmark • 1–2 EL gemischte Kräuter

- Von den Paprikaschoten die Deckel abschneiden.

- Schafskäse mit einer Gabel zerdrücken. Zwiebel mit dem Schnittlauch fein hacken, zum Schafskäse geben. Knoblauch pressen und daruntermischen. Die Schafskäsemischung salzen und pfeffern, in die Schoten füllen, den Deckel aufsetzen.

- Die Zwiebel würfeln, Tomaten häuten und würfeln. Zwiebel in Olivenöl andünsten, Tomaten dazugeben und kurz schmoren. Mit Brühe ablöschen. Tomatenmark unterrühren und die Sauce unter Rühren gut durchkochen. Mit Salz, Pfeffer und Kräutern würzen.

- Die Sauce in eine Auflaufform geben, die Paprikaschoten daraufsetzen und im Backofen bei 180 Grad (Umluft 160 Grad) ca. 20 Min. schmoren.

Reich an Bitter- und Ballaststoffen

Chicorée mit Räucherforelle

gelingt leicht

Für 2 Portionen

10 Min. + 10 Min. für die Sauce

2 EL Butter • 10 große Blätter Chicorée • etwas Kokosblütenzucker • 2 geräucherte Forellenfilets • Dill-Senf-Sauce (Seite 64) • schwarzer Pfeffer, frisch gemahlen

- Butter langsam auf niedriger Temperatur schmelzen.
- Chicorée dazugeben und mit Kokosblütenzucker bestreuen. Auf niedriger Temperatur ca. 3–5 Min. dünsten.
- Chicorée-Blätter sternförmig auf zwei Tellern anrichten. In die Mitte jeweils ein Forellenfilet drapieren. Dill-Senf-Sauce auf den Chicorée-Blättern verteilen. Mit Pfeffer aus der Mühle würzen.

Das passt dazu Stangenbrot

Eisen- und vitaminreich

Meeresspaghetti mit Garnelen

gelingt leicht

Für 2 Portionen

25 Min.

250 g Meeresspaghetti (Braunalgen) • 2 EL Olivenöl • 200 g Garnelen • 1 Knoblauchzehe • Saft von ½ Zitrone • 3–4 Kirschtomaten • 1 Chilischote • 100 ml trockener Weißwein • Salz • Pfeffer

- Meeresspaghetti ca. 5 Min. in Wasser einweichen, anschließend ca. 20 Min. kochen.
- In der Zwischenzeit Olivenöl erhitzen und die Garnelen anbraten.
- Knoblauch schälen, zu den Garnelen pressen. Zitronensaft dazugeben.
- Kirschtomaten und Chilischote waschen, halbieren und ebenfalls etwas mitköcheln lassen. Mit Weißwein ablöschen und mit wenig Salz und Pfeffer abschmecken.
- Die Meeresspaghetti abgießen, auf zwei Tellern anrichten und die Garnelen-Sauce darüber verteilen.

Tipp Meeresspaghetti sind besonders mild im Geschmack und lassen sich gut mit herzhaften und feurigen Saucen kombinieren.

» Meeresspaghetti mit Garnelen

Mit Betacarotin, Kalium, Eiweiß

Forellen-Tatar

geht schnell

Für 2 Portionen

15 Min.

1 Gurke (mittelgroß) • 2 geräucherte Forellenfilets • 1 EL Schlagsahne • 1 TL Meerrettich • 1 TL Preiselbeeren • 1 Spritzer Zitronensaft • 1 EL frischer, gehackter Dill

- Die Gurke waschen und schräg in Stücke schneiden – auf einem großen Teller platzieren.
- Forellenfilets waschen, abtupfen, in sehr feine Würfel schneiden.
- Mit Sahne, Meerrettich, Preiselbeeren und 1 Spritzer Zitronensaft vermischen.
- Forellen-Tatar mit einem TL auf den Gurkenscheiben verteilen und mit frischem Dill garnieren.

Das passt dazu Mehrkorn-Baguette oder Toastbrot

Kalorienarme Nervennahrung

Zanderfilet auf Basilikum-Pesto

gelingt leicht

Für 2 Portionen

25 Min.

1 Topf Basilikum • 6 EL Olivenöl • 50 g geriebener Parmesan • 1 Knoblauchzehe • 25 g Pinienkerne • 2 Zanderfilets • Salz • Pfeffer • 2 Spritzer Zitrone

- Für das Pesto: Basilikum waschen, zupfen und in einen Messbecher geben.
- Zuerst 4 EL Olivenöl, dann Parmesan dazugeben. Knoblauch hacken und ebenfalls hineingeben. Mit Salz und Pfeffer würzen. Alles mit dem Pürierstab gut durchmixen.
- Die Pinienkerne im vorgeheizten Backofen bei 160 Grad 3–4 Min. anrösten, anschließend abkühlen lassen.
- Die Zanderfilets waschen, gut abtropfen lassen – mit Salz, Pfeffer und je 1 Spritzer Zitrone würzen.
- In der Pfanne in 2 EL Olivenöl bei mittlerer Hitze braten. Auf der Hautseite ca. 5 Min., auf der Fleischseite ca. 2 Min.
- Pesto in der Mitte des Tellers verteilen – mit den abgekühlten Pinienkernen bestreuen – den Zander mit der Hautseite nach oben dazusetzen.

Das passt dazu Kartoffeln

Mit Vitamin C, A, K, Flavonoiden + Senfölen

Kabeljau in Sesamhülle

gelingt leicht

Für 2 Portionen

35 Min.

1 Kopf Pak Choi • 1 Schalotte • 250 g Kabeljau • Salz • Pfeffer • 2 Spritzer Zitrone • 50 g Sesam • 2 EL Olivenöl • 1 EL Ingweröl • 100 ml Kokosmilch • 100 g Mango (gewürfelt) • etwas Chilipulver

- Pak Choi waschen, vom Kopf das harte Stück entfernen – mit dem Messer in dicken Streifen glatt runterschneiden. Schalotte schälen und in Würfel schneiden.
- Kabeljau waschen, abtropfen lassen – mit Salz, Pfeffer und Zitrone würzen.
- Sesam auf einem Teller auslegen und den Kabeljau von beiden Seiten darin wälzen.
- Den Fisch auf mittlerer Hitze in Olivenöl von beiden Seiten ca. 8–10 Min. braten.
- In der Zwischenzeit die Schalotte in Ingweröl schmelzen. Pak Choi dazugeben und auf mittlerer Hitze ca. 2 Min. dünsten. Kokosmilch dazugeben und ca. 3–5 Min. auf hoher Temperatur kochen lassen.
- Zum Schluss die Mangowürfel einrühren – mit Salz, Pfeffer und Chilipulver abschmecken.
- Kabeljau mit Pak Choi auf zwei Tellern anrichten.

Das passt dazu Basmatireis

Immunstark mit Vitamin A + Calcium

Lachssteak auf Fenchelgemüse

gelingt leicht

Für 2 Portionen

30 Min.

2 kleine Fenchelknollen • 1 kleine Zwiebel • 2 TL Butter • ⅛ l halbtrockener Weißwein • 2 Zweige Thymian • 200 ml Sahne • Salz • Pfeffer • 2 Lachssteaks • Saft von ½ Zitrone • 2 EL Olivenöl

- Fenchel waschen, halbieren, das harte Mittelstück herausschneiden. Die restlichen Stücke in Streifen schneiden.
- Die Zwiebel in Würfel schneiden und in der Butter andünsten. Fenchelstreifen dazugeben und bei kleiner Hitze ca. 10 Min. garen. Mit Weißwein ablöschen.
- Thymian waschen, zupfen und unter das Gemüse mischen. Etwa 15 Min. weitergaren lassen.
- Mit der Sahne aufgießen, kurz köcheln lassen und noch wenige Minuten bei schwacher Hitze ziehen lassen. Mit Salz und Pfeffer abschmecken.
- In der Zwischenzeit die Lachssteaks salzen, pfeffern und mit dem Zitronensaft würzen. Olivenöl in der Pfanne erhitzen. Die Lachssteaks etwa 4 Min. von jeder Seite anbraten.
- Auf 2 Tellern verteilen und mit dem Fenchelgemüse servieren.

Vitamin-C- + kaliumstark

Okraschoten mit Hackfleisch

gelingt leicht

Für 2 Portionen

30 Min.

250 g Okraschoten (frisch oder TK) • 1 Zwiebel • 1 Knoblauchzehe • 2 EL Rapsöl • 250 g Hackfleisch • Kräuter der Provence (getrocknet) • 250 ml Wasser • Salz • Pfeffer

- Von den Okraschoten die Stiele abschneiden. Zwiebel und Knoblauch schälen, in Würfel schneiden und im Rapsöl schmelzen lassen.

- Das Hackfleisch dazugeben, kurz anbraten und etwa 10 Min. auf kleiner Temperatur dünsten lassen.

- Mit Kräutern der Provence würzen.

- Die Okraschoten dazugeben, ca. 5 Min. weiterdünsten lassen.

- Mit dem Wasser aufgießen und 15–20 Min. auf mittlerer Hitze köcheln lassen.

- Mit Salz und Pfeffer abschmecken.

Das passt dazu Basmatireis

Billard für zwei mit Vitamin A, C + E

Zucchini-Kugeln mit Putenhackfleisch

wenig Aufwand

Für 2 Portionen

10 Min. + 20–25 Min. Backzeit

2 Zucchini-Kugeln • 1 Zwiebel • 1 Knoblauchzehe • 200 g Putenhackfleisch • 1 Ei • Salz • Pfeffer • 100 ml Sahne

- Die Zucchini waschen, Deckel abschneiden. Mit einem Teelöffel das Fruchtfleisch aushöhlen, in den Kühlschrank stellen.

- Zwiebel und Knoblauch schälen, in feine Würfel schneiden.

- Hackfleisch, Ei, Zwiebel, Knoblauch mischen und mit Salz und Pfeffer abschmecken.

- Die Sahne unterrühren und die Mischung in die Zucchini-Kugeln füllen.

- Die Deckel auf die Zucchini-Kugeln setzen und im vorgeheizten Backofen bei 200 Grad (Umluft 180 Grad) 20–25 Min. backen.

Tipp Eine schmackhafte Note erhält das Hackfleisch, wenn man 1 Karotte und 1 Stück Sellerie raspelt und untermischt.

» Zucchini-Kugeln mit Putenhackfleisch

Abwehrstark mit B_2, B_6 + Carotinoiden

Putenroulade auf Rucola-Pesto

gelingt leicht

Für 2 Portionen

35 Min.

2 Putenschnitzel à 125 g • 2 Scheiben Parmaschinken • 2 Scheiben Mozzarella • 2 Blatt Basilikum • 2 Scheiben Tomaten • Zahnstocher • Salz • Pfeffer • etwas Mehl • 1 Ei • etwas Semmelbrösel • Rapsöl • 75 g Rucola • 2 EL Olivenöl • 25 g Mandelsplitter (geröstet) • 1 TL geriebener Parmesan • 1 kleine gehackte Knoblauchzehe

- Putenschnitzel dünn klopfen.

- Schinken ausbreiten und in der Mitte jeweils 1 Scheibe Mozzarella, 1 Blatt Basilikum und 1 Scheibe Tomate platzieren, dann einrollen.

- Die eingerollte Schinkenscheibe in die Mitte des Putenschnitzels legen – das Schnitzel von allen Seiten einklappen, mit Zahnstochern fixieren. Mit Salz und Pfeffer von außen würzen.

- Nacheinander in Mehl, Ei und Semmelbrösel wälzen und in ausreichend Rapsöl ca. 8–10 Min. frittieren.

- Rucola waschen, Stiele entfernen. Mit Olivenöl, Mandelsplittern, Parmesan und dem Knoblauch pürieren.

- In der Mitte des Tellers einen Pesto-Spiegel auslegen, die Roulade schräg aufschneiden und aufs Pesto legen.

Carotinoide und Vitamin C

Gefüllte Hähnchenbrust mit Paprika und Tomate

wenig Aufwand

Für 2 Portionen

20 Min. + 20–25 Min. Backzeit

1 grüne Paprika • 1 Schalotte • 1 Knoblauchzehe • 1 EL gehackte Petersilie • 1 große Tomate • 1 Spritzer Zitronensaft • 2 Stück Hähnchenbrust • Salz • Pfeffer

- Paprika waschen, entkernen, in Würfel schneiden und in eine Schüssel geben.

- Schalotte und Knoblauch schälen, in feine Würfel schneiden. Zusammen mit der gehackten Petersilie zu den Paprikawürfeln geben.

- Tomaten waschen, entkernen, würfeln und zur Paprikamischung geben. Mit Zitronensaft, Salz und Pfeffer würzen.

- Hähnchenbrust waschen, trocken tupfen, salzen und pfeffern. Hähnchenbrust auf der dicken Seite in der Mitte der Länge nach einschneiden und etwas auseinanderziehen, sodass eine Tasche entsteht – diese mit der Gemüsemasse bedecken.

- Die gefüllten Hähnchenbrüste in eine feuerfeste Form legen und ca. 20–25 Min. im vorgeheizten Backofen bei 200 Grad (Umluft 180 Grad) backen.

Das passt dazu Tomatensauce und Wedges

» Putenroulade auf Rucola-Pesto

MIT RUHE KOCHEN

Betacarotin, Vitamine C + E, Eisen

Mangold-Quiche

braucht etwas mehr Zeit

8 Portionen

⏲ 40 Min. + 55 Min. Backzeit

180 g Mehl (Dinkel/Amaranth) • 90 g weiche Butter • 3 EL Wasser • Salz • 750 g Mangold • 1 Knoblauchzehe • 2 EL Olivenöl • 50 g Schafskäse • 50 g Ricotta • 50 g Parmesan (gerieben) • 1 Ei • 50 g Pinienkerne • Pfeffer

- Mehl, Butter, Wasser und 1 Prise Salz zu einem festen Teig kneten. ½ Std. ruhen lassen. Den Backofen auf 200 Grad (Umluft 180 Grad) vorheizen.

- Den Teig in eine mit Butter gefettete Form füllen und mit einer Gabel mehrmals einstechen. Circa 15 Min. vorbacken, aus dem Ofen nehmen.

- Inzwischen Mangold waschen und klein schneiden. In heißem Salzwasser ca. 1 Min. blanchieren, dann eiskalt abschrecken. Abtropfen und mit den Händen ausdrücken.

- Knoblauch klein hacken, in Öl andünsten. Mangold dazugeben und weiterdünsten – bis die Flüssigkeit verdampft ist. Vom Herd nehmen.

- Schafskäse zerbröseln, in einer Schüssel mit Ricotta, Parmesan und Ei mixen. Pinienkerne unterrühren. Salzen und pfeffern, auf den Teig streichen und 40 Min. bei 190 Grad (Umluft 170 Grad) backen.

Reich an Vitamin C und Folsäure

Wirsing-Roulade auf Rahmsauce

gelingt leicht
Für 2 Portionen
25 Min. + 20 Min. Backzeit

4 große Wirsingblätter • 300 g Hackfleisch vom Rind • 1 Ei • Salz • Pfeffer • Zahnstocher • 1 Zwiebel • 1 Knoblauchzehe • Butter • 200 ml Sahne • Muskatnuss

- Die Wirsingblätter von den dicken Mittelstielen befreien und waschen. In heißem Wasser kurz blanchieren und in eiskaltem Wasser abschrecken, abtropfen lassen.

- Hackfleisch und Ei vermischen, mit Salz und Pfeffer würzen. Zu gleich großen Teilen auf 4 Wirsingblätter portionieren. Die Blätter mit der Füllung rollen und mit Zahnstochern fixieren.

- In 1 Auflaufform geben und im vorgeheizten Backofen bei 180 Grad (Umluft 160 Grad) ca. 20 Min. backen.

- Zwiebel und Knoblauch schälen, fein hacken. Zunächst die Zwiebel mit der Butter anschwitzen, dann den gehackten Knoblauch dazugeben.

- Mit der Sahne aufgießen, ca. 5 Min. köcheln lassen. Mit Salz, Pfeffer und Muskatnuss abschmecken.

- Die Wirsing-Roulade mit der Sauce servieren.

Das passt dazu Reis mit frischen Kräutern

Vitamin- und Mineralstoff-Cocktail

Quiche mit grünem Spargel

gut vorzubereiten
Für 2 Portionen
35 Min. + 25 Min. Backzeit

30 g Butter • 120 g Mehl (Dinkel/Amaranth) • 125 ml Olivenöl • 1 Ei • 25 ml Wasser • 500 g grüner Spargel • 2 Zweige Thymian • ½ Bund glatte Petersilie (geschnitten) • ½ Bund Schnittlauch (geschnitten) • 4 Eier • 200 ml Sahne • Salz • Pfeffer • Muskatnuss

- Die Butter in einem Topf schmelzen und mit Mehl, Öl, Ei und Wasser vermengen. Zu einem Ball formen und ½ Std. ruhen lassen.

- In der Zwischenzeit vom Spargel die Enden abschneiden und das untere Drittel schälen. Thymian zupfen.

- Den Teig in eine feuerfeste Auflaufform gießen. Spargel und die geschnittenen und gezupften Kräuter gleichmäßig darauf verteilen.

- Eier und Sahne verquirlen. Mit Salz, Pfeffer, Muskatnuss abschmecken und über die Quiche gießen.

- Bei 190 Grad (Umluft 170 Grad) 20–25 Min. backen.

Vitamin-, Mineralstoff- und Spurenelement-Füllhorn

Kartoffel-Pizza mit frischem Gemüse

gut vorzubereiten
Für 2 Portionen
35 Min. + 10 Min. Backzeit

- 2 große Kartoffeln
- Salz
- Pfeffer
- 1 EL Rapsöl
- ½ Karotte
- ½ Zucchini
- 1 grüne Paprika
- 2–3 Brokkoliröschen
- 2 Fleischtomaten
- 75 g geriebener Mozzarella
- etwas Oregano

● Die Kartoffeln schälen, grob reiben, salzen und pfeffern.

● Eine Gusseisenpfanne mit Öl einstreichen, mit den geriebenen Kartoffeln bedecken. Auf jeder Seite ca. 5 Min. bei mittlerer Temperatur braten, zur Seite stellen.

● Karotte, Zucchini und Paprika in Streifen schneiden. Brokkoli zerkleinern. Alles in heißem Salzwasser ca. 3–4 Min. blanchieren, abgießen und gut abtropfen lassen.

● Die Tomaten in dünne Scheiben schneiden – auf den Kartoffelkuchen legen. Das restliche Gemüse gleichmäßig darauf verteilen, mit Oregano und Mozzarella bestreuen.

● Im vorgeheizten Backofen auf 200 Grad (Umluft 180 Grad) ca. 10–15 Min. backen.

Carotinoide, Vitamine A + C

Tricolore-Gratin

gelingt leicht
Für 4 Portionen
25 Min. + 70 Min. Backzeit

1 Aubergine • 5 EL Olivenöl • 2 Zwiebeln • 2 Knoblauchzehen • 1 EL frischer Oregano • Salz • Pfeffer • 500 g Zucchini • 500 g Tomaten • 1 Kugel Mozzarella • 3 EL geriebener Parmesan

- Aubergine waschen, in Scheiben schneiden und auf ein leicht mit Öl bestrichenes Backblech legen. 5–10 Min. bei 200 Grad (Umluft 180 Grad) backen.

- Zwiebeln schälen, in Ringe schneiden und in etwas Olivenöl goldbraun dünsten. Knoblauch schälen und dazupressen. Mit Oregano, Salz, Pfeffer abschmecken.

- Zucchini und Tomaten waschen, Mozzarella abtropfen lassen und alles in dünne Scheiben schneiden.

- Eine feuerfeste Form mit Olivenöl ausstreichen.

- Zuerst die Zwiebel-Knoblauch-Mischung einfüllen, dann lagenweise mit Zucchini-, Auberginen- und Tomatenscheiben belegen. Mit Salz und Pfeffer würzen. Obenauf den Mozzarella verteilen.

- Mit dem restlichen Öl beträufeln und mit Parmesan bestreuen.

- Bei 200 Grad (Umluft 180 Grad) etwa 50–60 Min. backen.

Mineralstoffreich

Lauch-Auflauf

gelingt leicht
Für 2 Portionen
30 Min. + 40 Min. Backzeit

250 g Penne • 250 g Lauch • 2 EL Butter • Salz • Pfeffer • 3 Tomaten • 8 grüne Oliven • 1 Ei • 100 ml Kokosmilch • etwas Oregano • 100 g Schafskäse

- Nudeln bissfest kochen, abgießen, abtropfen lassen.

- Lauch putzen, waschen, in Ringe schneiden. 1 EL Butter in der Pfanne erhitzen und Lauch darin andünsten – mit Salz und Pfeffer würzen.

- Eine Auflaufform mit etwas Butter bestreichen – die Nudeln einfüllen. Die restliche Butter auf kleiner Temperatur erhitzen und über die Nudeln träufeln. Lauchringe auf den Nudeln verteilen.

- Tomaten waschen, in Scheiben schneiden und die Lauchringe damit bedecken. Oliven halbieren und auf den Tomatenscheiben verteilen.

- Ei und Milch verquirlen, mit Salz, Pfeffer und Oregano würzen und über den Auflauf gießen. Schafskäse zerbröckeln und darüberstreuen.

- Bei 200 Grad (Umluft 180 Grad) ca. 35–40 Min. backen.

Tipp Lauch hilft bei der Entgiftung, wirkt harntreibend und entschlackend.

Eiweiß, Kohlenhydrate, Ballaststoffe

Weinblätter mit Kräuter-Reis-Füllung

gelingt leicht
Für 2 Portionen
60 Min.

250 g frische Weinblätter • Salz • 1 Zwiebel • 2 EL Sonnenblumenöl • 300 g Reis • Petersilie, Dill, Koriander (frisch) • Pfeffer • Muskatnuss • 250 ml Gemüsebrühe

- Weinblätter in kochendem Salzwasser ca. 2–3 Min. blanchieren, kalt abschrecken.

- Die Zwiebel schälen, fein hacken und in Sonnenblumenöl andünsten. Von der Herdplatte nehmen.

- Den Reis waschen und ungekocht zu den Zwiebelstücken geben.

- Die Kräuter waschen und klein schneiden – unter den Reis mischen. Mit Salz, Pfeffer und Muskatnuss abschmecken.

- Die Weinblätter ausbreiten und die Reismischung zu gleichen Teilen in die Mitte eines Blattes füllen. Die Weinblätter von beiden Seiten zur Mitte knicken und von hinten nach vorne rollen.

- Die gerollten Weinblätter in einem größeren Topf auslegen und mit der Gemüsebrühe aufgießen. Einmal kurz aufkochen und auf kleinster Temperatur bei geschlossenem Deckel 20 Min. ziehen lassen.

Tipp Gefüllte Weinblätter kann man warm und kalt genießen, ideal fürs Sommerbuffet.

Eiweiß- und vitaminstark

Krabben-Garnelen-Pflanzerl

gelingt leicht
Für 2 Portionen
60 Min.

400 g mehlige Kartoffeln • 50 g Krabbenfleisch und 100 g Garnelen (küchenfertig) • je 2 Stiele Dill, Petersilie, Koriander • 1 Knoblauchzehe • 2 EL feine Haferflocken • 1 Ei • Salz • Pfeffer • 3 EL Butterschmalz • 1 Becher Crème fraîche • 3–4 EL Mayonnaise • abgeriebene Schale von 1 Bio-Zitrone

- Kartoffeln schälen, in Salzwasser ca. 30 Min. gar kochen. Krabben und Garnelen abspülen, abtropfen und mit den Händen auspressen. Garnelen grob hacken.

- Kräuter waschen und fein schneiden.

- Kartoffeln abgießen, ausdampfen lassen und durch eine Presse drücken. Knoblauch dazupressen.

- Krabbenfleisch, Garnelen, Haferflocken mit dem Ei verquirlen – mit Salz und Pfeffer würzen und unter die Kartoffelmasse mischen.

- Mit leicht angefeuchteten Händen zu Pflanzerln formen. Butterschmalz in der Pfanne erhitzen. Pflanzerl von jeder Seite 4–5 Min. goldbraun braten. Auf Küchenpapier abtropfen lassen.

- Crème fraîche, Mayonnaise und Zitronenschale gut vermischen, salzen und pfeffern und zu den Pflanzerln servieren.

Nährstoffreich mit Vitamin B_2, B_6 + K

Frittierte Kräuter-Risotto-Bällchen

gelingt leicht
Für 2 Portionen
50 Min.

1 Schalotte • 75 g Butter • 150 g Risotto • 100 ml trockener Weißwein • 200 ml Gemüsebrühe • Salz • Pfeffer • Petersilie, Dill, Koriander (gehackt) • Mehl • 1 Ei • Semmelbrösel • Sonnenblumenöl zum Frittieren • 50 g geriebener Parmesan

- Schalotte schälen, in feine Würfel schneiden. Mit 25 g Butter anschwitzen. Das Risotto dazugeben und ca. 2 Min. durchrühren. Den Weißwein hinzufügen, nochmals rühren.

- Gemüsebrühe einfüllen, mit Salz und Pfeffer abschmecken. Einmal aufkochen lassen, dann auf minimaler Temperatur 5 Min. ziehen lassen.

- Herd ausschalten, das Risotto 15 Min. im Topf ruhen lassen. In eine flache Auflaufform füllen, ca. 15 Min. abkühlen.

- Die gehackten Kräuter mit dem Risotto gut durchkneten und zu Bällchen formen.

- Die Bällchen in Mehl, geschlagenem Ei und in Semmelbrösel wälzen. In einem Topf mit ausreichend Öl wenige Minuten frittieren.

- Die restliche Butter in einem Topf zerlassen. Über die Risotto-Bällchen gießen, mit Parmesan bestreuen.

Vitaminreicher Muntermacher

Kräuter-Risotto mit grünem Spargel

gelingt leicht
Für 2 Portionen
40 Min.

150 g grüner Spargel • Salz • 1 Schalotte • 2 EL Butter • 150 g Risotto • 150 ml trockener Weißwein • Pfeffer • Muskatnuss • 2 Stängel Petersilie • 1 Blatt Salbei • 1 Zweig Thymian • 40 g geriebener Parmesan

- Vom Spargel Endstücke abschneiden, untere Hälfte schälen und Stangen in 3 cm dicke Stücke schneiden. In ½ l Salzwasser kurz aufkochen und 1 Min. ziehen lassen. Kalt abschrecken, durch ein Sieb abtropfen lassen, das Spargelwasser aufheben.

- Schalotte fein würfeln, in einem Topf mit Butter glasig dünsten. Risotto dazugeben und etwas mitdünsten. Mit Wein aufgießen. So lange rühren, bis der Wein verdampft ist.

- ¾ vom Spargelwasser dazugießen. Risotto bei kleiner Temperatur 10–15 Min. ziehen lassen. Mit Salz, Pfeffer und Muskatnuss würzen. Dabei rühren und den Rest des Spargelwassers löffelweise dazugeben, bis das Risotto die gewünschte Konsistenz hat.

- Kräuter klein hacken. Spargelstücke, Kräuter und 1 TL Butter unter den Risotto mischen.

- Topf vom Herd nehmen. Parmesan locker unterrühren.

» Kräuter-Risotto mit grünem Spargel

Mit Eiweiß, Vitaminen und Chlorophyll

Spinat-Parmesan-Knödel mit Chutney

braucht etwas mehr Zeit

Für 2 Portionen

75 Min.

- 150 g frischer Blattspinat
- Salz
- 1 Ei
- 40 g geriebener Parmesan
- 125 g Semmelknödelbrot
- 1 Zwiebel
- 1 EL + 1 TL Butter
- 70 ml Milch (3,5 %)
- Muskatnuss
- 2 EL Olivenöl
- 1 Knoblauchzehe
- 200 g Cherry-Tomaten
- 3 Zweige Salbei
- 1 Zweig Rosmarin
- 1 Lorbeerblatt
- Pfeffer

● Spinat putzen, die Blätter kalt abspülen und für etwa 1 Min. in Salzwasser kochen. Abgießen und kurz in eiskaltes Wasser legen, abtropfen lassen und mit den Händen so gut wie möglich ausdrücken.

● Die Spinatblätter sehr fein hacken, das Ei unterrühren. Den geriebenen Parmesan in die Ei-Spinat-Mischung rieseln lassen.

● Das Semmelknödelbrot in kleine Stücke schneiden. Zwiebel schälen, fein würfen und mit 1 EL erhitzter Butter in der Pfanne glasig dünsten.

● Die Milch erwärmen und mit Salz und Muskatnuss würzen.

● Milch, Zwiebel und Semmelknödelbrot-Stückchen in einer Schüssel miteinander vermischen – für 15 Min. mit einem Leinentuch abdecken.

● Die Spinat-Parmesan-Ei-Mischung untermengen. Den fertigen Teig mit angefeuchteten Händen zu 4 gleich großen Knödeln formen. In kochendes Salzwasser geben und die Temperatur sofort reduzieren. Bei kleiner Hitze ca. 15–20 Min. ziehen lassen.

● In der Zwischenzeit 1 TL Butter und Olivenöl in einem Topf erhitzen. Den Knoblauch andünsten. Dann die Cherry-Tomaten ca. 3–5 Min. schmoren.

● Salbei und Rosmarin waschen, in kleine Stücke zupfen und mit dem Lorbeerblatt zu den Tomaten geben. Noch für wenige Minuten weiterschmoren. Mit Salz und Pfeffer abschmecken

● Die Knödel aus dem Wasser heben, abtropfen lassen. Auf einem Teller jeweils 2 Spinat-Knödel auf das Salbei-Tomaten-Chutney setzen.

Immunschutz mit Carotinoiden, Vitamin B_1, B_2, B_{12}, Magnesium + Eisen

Kohlrabi mit Gemüseragout-Füllung

gut vorzubereiten

Für 2 Portionen

40 Min. + 30 Min. Backzeit

- 4 Köpfe Kohlrabi
- Salz
- 1 Zucchini
- 1 kleine Aubergine
- 1 gelbe Paprika
- 1 Knoblauchzehe
- 1 Zwiebel
- 1 TL Olivenöl
- 2 Zweige Thymian
- 1 Tomate
- Pfeffer
- 30 g Butter
- 30 g Mehl
- 250 ml Hafermilch
- Muskatnuss
- 1 Eigelb

- Von den Kohlrabi-Köpfen das obere Stück abschneiden und das Gemüse eng am Rand entlang ausstechen, sodass eine großzügige Körbchenform entsteht. Das Fruchtfleisch auf die Seite legen. Kohlrabi in heißem Salzwasser ca. 10 Min. blanchieren, kalt abschrecken, abtropfen lassen.

- Zucchini, Aubergine, Paprika waschen, Knoblauch und Zwiebel schälen – alles in Würfel schneiden. In der Pfanne die Zwiebelstücke in Olivenöl schmelzen. Dann Paprikastücke dazugeben – 1 Min. durchziehen lassen. Zucchini-, Aubergine-, Knoblauchwürfel untermischen.

- Thymian zupfen, hacken – zur Gemüsepfanne geben.

- Die Tomate vierteln, Kerne entfernen, in Würfel schneiden, unter das Gemüse mischen. Alles bei mittlerer Temperatur ca. 5–8 Min. durchziehen lassen. Mit Salz und Pfeffer abschmecken, die Temperatur ausschalten.

- Für die Béchamelsauce Butter im Topf schmelzen, Mehl dazugeben und bei schwacher Temperatur gut durchrühren. Jetzt die Milch dazugießen, kurz aufkochen lassen und mit einem Stabmixer kräftig rühren, damit keine Klümpchen entstehen. Die Sauce bei schwacher Hitze ca. 8 Min. köcheln lassen – mit Salz, Pfeffer und Muskatnuss abschmecken.

- Die Kohlrabi-Körbchen mit dem Gemüseragout füllen und mit der Béchamelsauce aufgießen.

- Das Ei verrühren, mit einem Pinsel auf die Béchamelsauce streichen.

- Im vorgeheizten Backofen auf 200 Grad (Umluft 180 Grad) ca. 30 Min. backen.

Tipp Aus der Kohlrabi-Füllung lässt sich gut eine Suppe kochen.

GETRÄNKE UND DESSERTS

Leichte Verführung mit viel Vitamin C

Kiwis mit Creme-Füllung

gelingt leicht

Für 3–4 Portionen

⏲ 20 Min. + 1 Std. Kühlzeit

1 Eigelb • 2 EL Kokosblütenzucker • 1 Päckchen Vanillezucker • 2 EL Mehl • 100 ml Reismilch (zuckerfrei) • 5 Kiwis • 100 ml Sahne • etwas Schokoladenstreusel

- Eigelb, Kokoszucker und Vanillezucker mit einem Holzlöffel in einem Topf glattrühren. Mehl hinzufügen, weiterrühren.

- Milch erhitzen und unter vorsichtigem Rühren in die Ei-Mehl-Mischung laufen lassen. Bei mittlerer Temperatur aufkochen – dabei stetig weiterrühren, damit sich keine Klümpchen bilden. Die Temperatur noch etwas reduzieren und die Creme für weitere 8 Min. köcheln lassen. Dabei immer wieder umrühren.

- Creme in eine Schüssel geben und mit etwas Kokoszucker bestreuen – ca. 1 Std. abkühlen lassen.

- Kiwis halbieren. Das Fruchtfleisch mit einem Teelöffel herausnehmen, pürieren und unter die erkaltete Creme ziehen.

- Sahne steif schlagen und unter die Fruchtcreme ziehen. Kiwi-Hälfen mit der Creme füllen. Mit Schokoladenstreuseln verzieren.

Muntermacher mit Nervenvitaminen

Lemon-Minze-Drink

geht schnell
Für 2 Portionen
⏲ 8 Min.

3 Limetten • ½ Bund frische Minze • 150 ml stilles Wasser • 100 ml Kokosmilch • 100 ml Sahne • 2 TL brauner Zucker

- Limetten waschen und mit Schale in kleine Stücke schneiden.
- Die Minze zupfen und waschen.
- Beides zusammen mit Wasser, Milch, Sahne und braunem Zucker in ein Rührgefäß geben und gut durchmixen.
- Durch ein Haarsieb filtern, in zwei 0,2-l-Gläser füllen und gleich trinken.
- Eventuell jeweils 1–2 Eiswürfel dazugeben.

Tipp Kühlt und entspannt bei starker Sommerhitze.

Chlorophyllreicher Gruß aus dem Wald

Waldmeister-Bowle

gelingt leicht
Für 2 Portionen
⏲ 10 Min. + 2 Std. Kühlzeit

½ Bund frischer Waldmeister • Saft von ½ Zitrone • ½ l halbtrockener Weißwein • 3 Erdbeeren • 3 Minze-Blätter

- Waldmeister waschen, die Blätter von den Stielen zupfen.
- Saft von ½ Zitrone auspressen.
- Waldmeister in eine Karaffe geben und mit Weißwein und Zitronensaft auffüllen.
- Anschließend für 2 Std. in den Kühlschrank stellen und durchziehen lassen.
- Jetzt die Erdbeeren waschen, in kleine Stücke schneiden und mit den gewaschenen Minze-Blättern über die Bowle streuen. In Portionsgläser füllen.

Tipp Für leichteren Genuss kann man die Bowle zusätzlich mit ½ l Mineralwasser aufgießen.

» Waldmeister-Bowle

Mineralstoffreich, verdauungsfördernd

Birnen-Smoothie

geht schnell

Für 2 Portionen

5 Min.

2 reife Birnen • 1 reife Banane • 2 Blätter Basilikum • ein paar Kürbiskerne • ½ TL Leinsamen • 250 ml stilles Wasser

- Birnen schälen, entkernen und vierteln. Die Banane schälen, in Scheiben schneiden.
- Basilikumblätter waschen.
- In ein Rührgefäß zuerst die Kürbiskerne und Leinsamen, dann die Früchte und Basilikumblätter dazugeben.
- Mit dem Wasser aufgießen und mit dem Stabmixer pürieren.
- In zwei 0,2 l-Gläser füllen und gleich genießen.

Reinigt die Zellen, stärkt die Abwehrkraft

Mango-Smoothie mit Aloe Vera

wenig Aufwand

Für 2 Portionen

10 Min.

1 reife Mango • 5 Baby-Bananen • ein paar Pinienkerne • 30 ml Aloe-Vera-Gel • 250 ml stilles Wasser

- Mango schälen, entkernen und in Stücke schneiden. Die Bananen schälen und in Scheiben schneiden.
- In ein Rührgefäß nacheinander die Pinienkerne, Früchte und das Aloe-Vera-Gel geben.
- Mit dem Wasser aufgießen und mit dem Stabmixer pürieren.
- In zwei 0,2-l-Gläser füllen und sofort trinken.

Tipp Aloe Vera zählt zu den besten Heilpflanzen der Erde. Wer eine Aloe auf der Fensterbank stehen hat, kann auch einfach ein kleines Stück abschneiden, das Fruchtmark auslöffeln und in den Smoothie geben.

Antibakteriell und antiviral

Rucola-Smoothie mit Plattpfirsich

wenig Aufwand
Für 2 Portionen
10 Min.

1 Handvoll Rucola • 4 Plattpfirsiche • ein paar Kokos-Chips • 1 TL Chia-Samen • 30 ml Aloe-Vera-Gel • 250 ml stilles Wasser

- Rucola waschen und die dicken Stiele abzupfen. Plattpfirsiche schälen in Stücke schneiden.

- In ein Rührgefäß nacheinander Kokos-Chips, Pfirsichstücke, Rucola, Chia-Samen und Aloe Vera füllen.

- Mit Wasser aufgießen und mit dem Stabmixer pürieren. In zwei 0,2-l-Gläser füllen und sofort trinken.

Tipp Rucola ist aufgrund seiner umfassenden Vitalstoffe ein absolutes Superfood. Plattpfirsiche sollen neueren Studien zufolge den Alterungsprozess der Zellen verlangsamen.

Grüne Energie

Smoothie mit Apfel und Gerstengras

wenig Aufwand
Für 2 Portionen
10 Min.

1 großer grüner Apfel • 1 kleine Banane • 60 g Löwenzahn • 1 EL Gerstengraspulver • 1 TL Chia-Samen • ein paar Goji-Beeren • 250 ml stilles Wasser

- Apfel schälen, entkernen, in Stücke schneiden. Banane schälen, in Scheiben schneiden. Löwenzahn waschen, in Streifen schneiden.

- Alle Zutaten in ein Rührgefäß geben, mit dem Stabmixer pürieren.

- In zwei 0,2-l-Gläser füllen und sofort trinken.

Reich an Vitamin C

Mousse mit Passionsfrucht

gut vorzubereiten
Für 4 Portionen
30 Min.+ 6 Std. Kühlzeit

1 Ei • 3 Eigelb • 75 g Ahornsirup/Agavendicksaft • 125 g weiße Kuvertüre • 150 ml Passionsfrucht-Mark (gibt's fertig zu kaufen) • 2 Blatt Gelatine • 350 g Sahne

- Ei, Eigelb und Ahornsirup bzw. Agavendicksaft im warmen Wasserbad schlagen – bis die Masse fest wird.

- Die Kuvertüre in kleine Stücke schneiden, zur Ei-Masse geben und schmelzen lassen. Das Passionsfrucht-Mark einrühren.

- Die Gelatine-Blätter ca. 5 Min. in kaltem Wasser einweichen und unter die Mousse mischen.

- Das Ganze im kalten Wasserbad abkühlen lassen und immer wieder mit dem Schneebesen durchrühren.

- Die Sahne schlagen und unter die Creme mischen. In eine Form gießen und für ca. 6 Std. kalt stellen.

Proteinstark und reich an Antioxidanzien

Crème brulée mit Pistazien

gut vorzubereiten
Für 6–8 Portionen
70 Min.

50 g Nougat (Stück) • 50 g Pistazien • 375 ml Sahne • 125 ml Milch (3,5 %) • 3 EL brauner Zucker • 5 Eigelb

- Nougat im Topf schmelzen.

- Pistazien fein hacken.

- Beides mit Sahne, Milch, Zucker und Eigelb verquirlen.

- Die Masse in eine große feuerfeste Form oder kleine Formen füllen und bei 120 Grad (Umluft 100 Grad) ca. 45–60 Min. backen.

- Anschließend mit braunem Zucker bestreuen und mit einem Flambierbrenner karamellisieren.

» Crème brulée mit Pistazien

Vitamin C, Magnesium, Calcium, Kalium

Panna cotta auf Kiwi-Carpaccio

gut vorzubereiten
Für 4 Portionen
15 Min.+ 12 Std. Kühlzeit

4 Blatt Gelatine • 600 ml Sahne • 90 g Kokosblütenzucker • 2 Vanilleschoten • 4 Kiwis

- Die Gelatine ca. 5 Min. in kaltem Wasser einweichen.

- Sahne und Kokosblütenzucker miteinander mischen. Die Vanilleschoten aufschneiden, das Mark herauskratzen und zur Sahne geben. Alles kurz aufkochen lassen – durch ein Sieb filtern.

- Sofort die Gelatine in die heiße Masse einrühren.

- In feuerfeste Förmchen füllen und für 12 Std. in den Kühlschrank stellen.

- Vor dem Servieren die Kiwis schälen, in dünne Scheiben schneiden und vier Teller damit auslegen.

- Panna cotta stürzen und auf die Kiwi-Scheiben setzen.

Das passt dazu Himbeer-Mark

Eiweißhaltig und magenfreundlich

Apfel-Soufflé

gelingt leicht
Für 4 Portionen
20 Min. + 15 Min. Backzeit

3 grüne Äpfel • 60 g Butter • 150 g Kokosblütenzucker • 1 Msp. Zimt • 6 Eier • 1 Prise Salz

- Äpfel schälen, entkernen und in dicke Scheiben schneiden.

- In einer Pfanne 40 g Butter zerlassen und die Äpfel 5 Min. darin dünsten – dabei immer wieder wenden.

- ⅓ vom Zucker und Zimt zufügen und die Äpfel bei starker Hitze von beiden Seiten bräunen.

- Eier trennen. Das Eigelb mit dem restlichen Zucker schaumig schlagen, das Eiweiß mit 1 Prise Salz steif schlagen und unter das Eigelb heben.

- Eine Tortenform von 22 cm Durchmesser mit der restlichen Butter bestreichen und die Eimasse hineingeben. Bei 200 Grad (Umluft 180 Grad) ca. 10–15 Min. backen.

- Auf 4 Tellern verteilen und die Apfelscheiben kranzförmig darauf platzieren.

Kaliumstark

Dattelkonfekt

geht schnell

Für 2 Portionen

10 Min. + 1 Std. Kühlzeit

10 Datteln • 50 g gemahlene Haselnüsse • 1 EL Sahne • etwas Zimt • Dattelsirup nach Geschmack • 25 g Kokosflocken

- Datteln entkernen und mit Haselnüssen, Sahne, Zimt und Dattelsirup pürieren.
- Die Masse zu kleinen Kugeln formen und in Kokosflocken wälzen.
- Für 1 Std. in den Kühlschrank stellen – genießen.

Verdauungsfördernd

Trockenpflaumen in Wein-Teig

gelingt leicht

Für 2 Portionen

25 Min.

8–10 Trockenpflaumen • 50 g Pistazienkerne • 75–100 g Marzipan-Rohmasse • 2 Eier • etwas Kokosblütenzucker • 100 ml Weißwein • 150 g Mehl (Dinkel/Amaranth) • 1 Vanilleschote • Kokosöl • Zimt

- Die Trockenpflaumen mit den Pistazien bestücken (ca. 3–4 Stück pro Pflaume) und mit der Marzipanrohmasse auffüllen.
- Eigelb, Zucker, Weißwein und Mehl miteinander verquirlen. Die Vanilleschote aufschneiden und das Mark unter den Teig rühren.
- Das Eiweiß steif schlagen und locker unter die Teigmasse ziehen.
- Die gefüllten Pflaumen in den Teig tauchen und in ausreichend Kokosöl braten.
- Mit Zimt und Kokosblütenzucker bestreuen, genießen.

Knochen-Power

Glasierte Trauben mit Ziegenkäse

gelingt leicht

Für 2 Portionen

15–20 Min.

150 g grüne Trauben (kernlos) • 1 EL Kokosblütenzucker • etwas Butter • 2 Scheiben Ziegenkäse zu je 125 g • Rapsöl

- Die Trauben waschen und halbieren.
- Butter in der Pfanne schmelzen und die Trauben dazugeben.
- Mit Kokosblütenzucker bestreuen und 1–2 Min. karamellisieren.
- Den Ziegenkäse in Rapsöl braten – von jeder Seite ca. 2–3 Min.
- Auf zwei Tellern verteilen und mit den karamellisierten Trauben bedecken.

Das passt dazu Stangenweißbrot

Immunstark, durchblutungsfördernd

Grüne Grütze

gelingt leicht

Für 2 Portionen

15 Min. + 2 Std. Kühlzeit

1 grüner Apfel • 2 Kiwis • 100 g grüne Trauben • 50 g Kokosblütenzucker • 100 ml Weißwein (trocken) • 150 ml klarer Apfelsaft • 1 Vanilleschote • 1 Msp. Zimt • 1 EL Speisestärke • 2 Blatt Minze

- Apfel und Kiwis schälen, in kleine Stücke schneiden. Trauben waschen und halbieren. Das Obst auf zwei Schalen verteilen.
- Zucker in einem Topf goldbraun karamellisieren. Mit Weißwein und Apfelsaft ablöschen und ca. 2 Min. kochen lassen.
- Die Vanilleschote aushöhlen, dazugeben. Mit Zimt verfeinern.
- Die Masse mit Speisestärke abbinden, heiß über die Früchte gießen.
- Rund 2 Std. im Kühlschrank fest werden lassen. Mit Minze dekoriert servieren.

Das passt dazu Schlagsahne, Vanillesauce

» Grüne Grütze

Vitalstoffe zum Nachschlagen

Vitamin B_1 (Thiamin)
- ein wasserlösliches Vitamin
- ist beteiligt am Abbau von Kohlenhydraten
- wichtig für die Umwandlung von Zucker in Energie
- wichtig für ein gesundes Nervensystem
- enthalten u. a. in Erbsen, Grünkohl, Karotten, Kohlrabi, Linsen, Petersilie, Rucola

Vitamin B_2 (Riboflavin)
- ein wasserlösliches Vitamin
- wichtig zur Energiegewinnung
- am Auf- und Abbau der roten Blutkörperchen beteiligt
- stärkt die Abwehrkräfte
- enthalten u. a. in Brokkoli, Erbsen, Grünkohl, Kohlrabi, Rucola

Vitamin B_6 (Pyridoxin)
- ein wasserlösliches Vitamin
- wichtig für den Um- und Abbau von Eiweißstoffen. Wer viel Eiweiß isst, braucht viel Vitamin B_6
- enthalten u. a. in Avocado, Banane, Kartoffeln, Lauch, Rucola, Paprika, Petersilie

Vitamin B_7 (Biotin)
- ein wasserlösliches Vitamin
- hilft dabei, Nahrung in Energie umzuwandeln
- wichtig für Cholesterinspiegel und Fettstoffwechsel
- wichtig für gesunde Haare und Nägel
- enthalten u. a. in Avocados, grünen Bohnen, Karotten, Spinat

Vitamin B_{12}
- ein wasserlösliches Vitamin
- wichtig für die Blutbildung und die Bildung neuer Zellen
- existenziell für die Nervenzellen
- enthalten u. a. in Aloe Vera, Gerstengras, Kohlrabi, Nori, Spirulina, Chlorella, Weizengras

Vitamin C
- ein wasserlösliches Vitamin
- stärkt das Immunsystem
- kann als Antioxidans die Bildung krebserregender Nitrosamine blockieren
- hat eine wichtige Rolle beim Aufbau des Bindegewebes
- enthalten u. a. in Apfel, Birne, Fenchel, Kiwi, Lauch, Okra, Pak Choi, Paprika, Rosenkohl, Zucchini

Vitamin A (Betacarotin)
- ein fettlösliches Vitamin
- spielt eine wichtige Rolle beim Sehprozess
- wichtig für eine intakte Haut und Schleimhäute
- stärkt das Immunsystem
- enthalten u. a. in Fenchel, Feldsalat, Gurken, Grünkohl, Karotten, Spinat

Vitamin D
- ein fettlösliches Vitamin
- das Sonnen- und Knochenvitamin
- wichtig für Zähne und Knochengerüst
- wichtig für das Nervensystem
- enthalten u. a. in Aloe Vera, Avocado, Weizengras

Vitamin E
- ein fettlösliches Vitamin
- schützt vor freien Radikalen, stärkt die Abwehrkraft
- wirkt entzündungshemmend
- enthalten u. a. in Erbsen, Grünkohl, grünem Spargel, Leinsamen, Mangold

Vitamin K
- ein fettlösliches Vitamin
- wichtig für die Blutgerinnung, ohne Vitamin K würde sich keine Wunde schließen
- wichtig für den Knochenstoffwechsel

Mineralstoffe und Spurenelemente
- enthalten u. a. in grünen Bohnen, Brokkoli, Erbsen, Kiwi, Schnittlauch. Mango, Petersilie, Rosenkohl, Rucola, Weintrauben-Mineralien und Spurenelemente

Calcium
- wichtig für Knochenaufbau und Zähne, für Muskeltätigkeit, Blutgerinnung und Reizübertragung in Nervenzellen
- enthalten u. a. in Braunalgen, Brokkoli, Fenchel, Grünkohl

Eisen
- wichtig für den Sauerstofftransport im Blut
- enthalten u. a. in Brokkoli, Datteln, Erbsen, Fenchel, Spinat, Zucchini

Folsäure
- wichtig für Blutbildung und Zellwachstum, verstärkter Bedarf in der Schwangerschaft (für die Entwicklung des Embryos)
- enthalten u. a. in Avocado, Brokkoli, Grünkohl, Lauch, Rosenkohl, Salat

Jod
- wichtig für eine intakte Schilddrüsenfunktion
- enthalten u. a. in Birnen, Brokkoli, Nori-Algen, Spinat

Kalium
- wichtig für den Flüssigkeitshaushalt, Nervenimpulse, Entgiftung und einen guten Säure-Basen-Haushalt
- enthalten u. a. in Bananen, Birnen, Datteln, Gurken, Kartoffeln, Mango, Okra, Pak Choi

Magnesium
- wichtig für Muskeln, Nerven, Immunsystem.
- enthalten u. a. in Birnen, Brokkoli, Erbsen, Gerstengras, Kartoffeln, Kiwi, Mango, Weizengras

Natrium
- wichtig für Wasser- und Mineralstoffhaushalt
- enthalten u. a. in Algen, Auberginen, Oliven, Weinblättern

Phosphor
- wichtig für Knochengerüst und Zähne, für Stoffwechsel, Muskeltätigkeit und Nervenimpulse
- enthalten u. a. in Chia-, Hanf- und Leinsamen, Birnen, Fisch, Kartoffeln, Spinat

Zink
- wichtig für Stoffwechsel und Abwehrkräfte
- enthalten u. a. in Äpfeln, Bananen, Datteln, Kürbiskernen, Leinsamen

Ätherische Öle, Gerbstoffe & Co.

Ätherische Öle

- flüssige Pflanzeninhaltsstoffe mit aromatischem Geruch
- haben antibakterielle und entzündungshemmende Eigenschaften und wirken beruhigend auf die Atemwege
- enthalten u. a. in Knoblauch, Zwiebel, Basilikum, Thymian oder Fenchel

Bitterstoffe

- aktivieren die Geschmacksknospen am Zungenrand und lösen das Signal »bitter« aus
- unterstützen die Verdauung und regen die Leber zum Abbau von Giftstoffen an
- bremsen den Appetit auf Süßes
- enthalten u. a. in Chicorée, Löwenzahn oder Rucola

Flavonoide

- Flavonoide (lat. flavus = gelb) sind meist gelbgefärbte Naturstoffe, die in vielen Pflanzenblüten und -blättern enthalten sind
- zu den Flavonoiden gehören z. B. auch die Carotinoide und Flavone
- sorgen für eine gute Durchlässigkeit der Gefäßwände
- wirken vorbeugend und zum Teil auch heilend auf die Brüchigkeit der kleinsten Blutgefäße und verbessern die Kapillarelastizität
- harntreibend und krampflösend
- enthalten u. a. in Chicorée, Äpfeln, Birnen, Paprika, Tomaten, Zitronen

Glykoside

- z. B. Senfölglykoside
- haben ein großes Wirkungsspektrum, sie sind herzwirksam und schleimlösend, antientzündlich, abführend und schweißtreibend
- enthalten u. a. in Bärlauch und Wirsing

Ballaststoffe

- als Quell- und Füllstoffe regen sie in Verbindung mit Wasser die Darmperistaltik an und können einer Verstopfung vorbeugen
- darüber hinaus sind Ballaststoffe Nahrung für die guten Darmbakterien, was für eine intakte Darmflora wichtig ist
- zu den Ballaststoffen gehören u. a. Pektin, Inulin, Cellulose und Agar-Agar

Literaturtipps

Victoria Boutenko: **Green for Life. Grüne Smoothies nach der Boutenko-Methode** (10. Aufl.), Hans-Nietsch-Verlag, 2014

Udo Erasmus: **Fats that Heal, Fats that Kill,** Alive Books, 1993

Andreas Fellin: **Das richtige Wasser für Ihre Gesundheit,** Haug-Verlag, 2006

Bruce Fife: **Kokosöl – das Geheimnis gesunder Zellen** (5. Aufl.), Kopp-Verlag, 2016

Bruce Fife: **Stopp Alzheimer** (3. Aufl.), Systemed Verlag, 2016

Anne Lorch: **EM. Eine Chance für unsere Erde** (2. Auflage), Organischer Landbau Verlag, 2013

Lumira & Elisabeth Büttner: **Gesund und jung durch richtige Ernährung,** Trinity-Verlag, 2015

Lumira: **Erneuere deine Zellen** (9. Auflage), Trinity-Verlag, 2012

Julie Morris: **Das Buch der Superfood-Smoothies,** Königsfurt-Urania, 2014

Sven-David Müller: **Die 50 besten und 50 gefährlichsten Lebensmittel,** Schlütersche Verlagsgesellschaft, 2008

Felix Olschewski: **Einfach kochen – Methoden und Rezepte,** Books on Demand, 2018

Felix Olschewski: **Einfach essen – Die beste Ernährung für mich,** Books on Demand, 2016

Alexander Wunsch u. a.: **Lichttherapie. Die Medizin der Zukunft,** Verlag Via Nova, 2017

Interessante Links

Links zu Grünkraft & Co.

www.germanygoesraw.de/rohkost-arzt/dr-ann-wigmore-weizengrassaft-rohkost-pionierin/ Die Website berichtet über das Leben von Ann Wigmore, ihre Heilung vom Krebs dank Weizengrassaft und über Gesundheitsreisen nach Florida.

www.auspostalhistory.com/articles/2001.php: Diese Website enthält interessante Ausführungen zu den Forschungen von Dr. G.E. Earp-Thomas bezüglich gesunder Böden und Nutzen von Weizengras.

www.gerstengraspulver.net: Studien, Wirkung und Anwendungsbereiche

www.zentrum-der-gesundheit.de/aloe-vera-ia.html: Inhaltsstoffe, Wirkungsspektrum der Aloe Vera

www.be-forever.de/fitness: Aloe-Vera-Shop für Ernährung, Fitness und Schönheit mit Produkten, die bis zu 97 % Aloe-Vera-Gel enthalten

www.goji-beere.info: Inhaltsstoffe und Wirkung

www.cranberry-ratgeber.info: Inhaltsstoffe und Wirkung

www.acai-beere.de: Inhaltsstoffe und Wirkung

www.naturinstitut.info/camu-camu: Studien und Wirkungsspektrum der Vitamin-C-reichen Frucht

www.zentrum-der-gesundheit.de/chia-samen: Wirkungsspektrum des Chia-Samens

www.eatmovefeel.de/leinsamen: Wirkung und Anwendung von Leinsamen

www.hanf-samen.org: Wirkung und Nutzung von Hanfsamen

Links zum Thema Wasser

www.ionisiertes-wasser.net und www.maunawai.com: Wasserfiltersysteme in guter Qualität

www.grander.com: interessante Infos zum Thema Granderwasser

Links zu Effektiven Mikroorganismen

www.emev.de: Website der Gesellschaft zur Förderung regenerativer Mikroorganismen

www.multikraft.com: mit zahlreichen Produkten für den täglichen Bedarf – von EM-Meersalz bis EM-Schokolade

www.akne.org/threads/effektive-mikroorganismen-em-1-innere-und-äußerliche-behandlung.80541/ und www.heilpraktiker-foren.de/threads/effektive-mikroorganismen.8218: Erfahrungsberichte von EM-Anwendern

Links zu Ernährungsexperten

www.slowfood.de

wwww.slowfood.de/slow_food_vor_ort

www.lumira.de

www.JulieMorris.net

www.urgeschmack.de

www.weidefleisch.org

www.youtube.com/watch?v=-BAi2SD6wO9Q: Interview mit Dr. Bruce Fife über die Wohltaten von Kokosnussöl für den menschlichen Organismus

Liebe Leserin, lieber Leser,

hat Ihnen dieses Buch weitergeholfen? Für Anregungen, Kritik, aber auch für Lob sind wir offen. So können wir in Zukunft noch besser auf Ihre Wünsche eingehen. Schreiben Sie uns, denn Ihre Meinung zählt!

Ihr TRIAS Verlag

E-Mail-Leserservice
kundenservice@trias-verlag.de

Lektorat TRIAS Verlag
Postfach 30 05 04
70445 Stuttgart
Fax: 0711 89 31-748

Rezeptverzeichnis

A

Aktiviertes Wasser 41

Algen
- Meeres-Smoothie 13
- Meeresspaghetti mit Garnelen 100
- Nori-Omelett 23

Andalusisches Gazpacho im Glas 78

Antipasti-Brotaufstrich 63

Apfel
- Apfel-Käse-Toast 87
- Apfel-Soufflé 126
- Apfel-Thunfisch-Salat 70
- Grüne Grütze 128
- Smoothie mit Apfel und Gerstengras 123

Aubergine
- Antipasti-Brotaufstrich 63
- Auberginen-Snack 86
- Canapés mit Gemüseaufstrich 84
- Gebratene Gemüse-Spieße 87

Avocado
- Avocado-Creme 64
- Babyspinat mit Avocado und Croûtons 69
- Rucola-Avocado-Salat 70

B

Babyspinat mit Avocado und Croûtons 69

Babyspinat mit gegrilltem Ziegenkäse 74

Bärlauch
- Bärlauch-Aufstrich 64
- Gemüsebolognese mit Bärlauch 98

Bärlauch-Spätzle 92

Birnen-Smoothie 122

Blätterteigschnecken mit Basilikum-Pesto 81

Brokkoli
- Brokkoli-Auflauf 96
- Brokkoli-Kartoffel-Puffer 93
- Brokkoli-Salat mit Entenbrust 72

C

Camu-Camu
- Chinakohl-Salat mit Hähnchenstreifen 75
- Gebratene Gemüse-Spieße 87
- Weizengras-Smoothie 17
- Wildkräutersalat 25

Canapés mit Gemüseaufstrich 84

Chia-Samen
- Rucola-Smoothie mit Plattpfirsich 123
- Zucchini-Käse-Bratlinge 27

Chicorée mit Räucherforelle 100

Chinakohl-Salat mit Hähnchenstreifen 75

Crème brulée mit Pistazien 124

D

Dattelkonfekt 127

Dill-Senf-Sauce 64

E

Erbsen-Ragout 88

Erbsensüppchen mit Crème fraîche 19

F

Feldsalat mit Birne und Gorgonzola 70

Feldsalat mit Orangenfilets 74

Feldsalat-Suppe mit Croûtons 77

Fisch
- Chicorée mit Räucherforelle 100
- Forellen-Tatar 102
- Kabeljau in Sesamhülle 103
- Lachssteak auf Fenchelgemüse 103
- Zanderfilet auf Basilikum-Pesto 102

Fleisch
- Okraschoten mit Hackfleisch 104

Forellen-Tatar 102

Frittierte Kräuter-Risotto-Bällchen 114

G

Gebratener grüner Spargel 82

Geflügel
- Gefüllte Hähnchenbrust mit Paprika und Tomate 106
- Putenroulade mit Rucola-Pesto 106
- Zucchini-Kugeln mit Putenhackfleisch 104

Gefüllte Hähnchenbrust mit Paprika und Tomate 106

Gemüsebolognese mit Bärlauch 98

Gemüsesalat 33

Gerstengras
- Erbsensüppchen mit Crème fraîche 19
- Smoothie mit Apfel und Gerstengras 123

Glasierte Trauben mit Ziegenkäse 128

Grüne-Bohnen-Püree auf Fleischtomaten 84

Grüne-Bohnen-Salat 75

Grüne Grütze 128

Grüner Obstsalat 70

Grüner Spargel im Weinteig 82

Grüne Sauce 66

Grünes Gazpacho 79

Gurke
- Grünes Gazpacho 79
- Gurken-Häppchen mit Frischkäsefüllung 86

K

Kabeljau in Sesamhülle 103

Kartoffeln
- Brokkoli-Kartoffel-Puffer 93
- Gefüllte Paprika 94
- Kartoffel-Pizza mit frischem Gemüse 111

Käse-Spinat-Kugeln 89

Kichererbsen-Mus mit Sesampaste 67

Kiwi
- Grüne Grütze 128
- Grüner Obstsalat 70
- Kiwi-Bananen-Kaltschale 29
- Kiwis mit Creme-Füllung 119
- Panna cotta auf Kiwi-Carpaccio 126

Kohlrabi mit Gemüseragout-Füllung 117

Krabben-Garnelen-Pflanzerl 113

Kräuter-Bruschetta mit Champignons 88

Kräuter-Risotto mit grünem Spargel 114

Kräuter-Schupfnudeln 93

L

Lachssteak auf Fenchelgemüse 103

Lauch-Auflauf 112

Lemon-Minze-Drink 120

M

Mangold
- Mangold-Quiche 109
- Quark-Küchlein mit Mangold 94
- Tagliatelle mit Mangold und Tomaten 90

Mango-Smoothie mit Aloe Vera 122

Matcha 45

Meeres-Smoothie 13

Meeresspaghetti mit Garnelen 100
Mousse mit Passionsfrucht 124

N
Nori-Omelett 23
Nuss-Paprika-Creme 67

O
Okraschoten mit Hackfleisch 104
Olivenpaste 64

P
Panna cotta auf Kiwi-Carpaccio 126
Paprika
– Antipasti-Brotaufstrich 63
– Canapés mit Gemüseaufstrich 84
– Gebratene Gemüse-Spieße 87
– Gefüllte Hähnchenbrust mit Paprika und Tomate 106
– Gefüllte Paprika 94
– Grünes Gazpacho 79
– Kartoffel-Pizza mit frischem Gemüse 111
– Nuss-Paprika-Creme 67
– Paprikaschoten mit Schafskäse 99
– Paprika-Zucchini-Suppe 78
Penne mit Petersilien-Pesto 92
Putenroulade mit Rucola-Pesto 106

Q
Quark-Küchlein mit Mangold 94
Quiche mit grünem Spargel 110

R
Rucola
– Putenroulade mit Rucola-Pesto 106
– Rucola-Avocado-Salat 70
– Rucola-Smoothie mit Plattpfirsich 123

S
Smoothie mit Apfel und Gerstengras 123
Spargel
– Gebratener grüner Spargel 82
– Gemüsesalat 33
– Grüner Spargel im Weinteig 82
– Kräuter-Risotto mit grünem Spargel 114
– Quiche mit grünem Spargel 110
– Spargel-Salat 72
Spinat
– Babyspinat mit Avocado und Croûtons 69
– Babyspinat mit gegrilltem Ziegenkäse 74
– Käse-Spinat-Kugeln 89
– Spinatcreme-Suppe 76
– Spinat-Gnocchi mit Käse 90
– Spinat-Parmesan-Knödel mit Chutney 116

T
Tagliatelle mit Mangold und Tomaten 90
Tomaten
– Andalusisches Gazpacho im Glas 78
– Gefüllte Hähnchenbrust mit Paprika und Tomate 106
– Grüne-Bohnen-Püree auf Fleischtomaten 84
– Spinat-Parmesan-Knödel mit Chutney 116
– Tagliatelle mit Mangold und Tomaten 90
Trauben
– Glasierte Trauben mit Ziegenkäse 128
– Grüne Grütze 128
– Grüner Obstsalat 70
Tricolore-Gratin 112
Trocken-Pflaumen in Wein-Teig 127

U
Überbackener Rosenkohl 96

W
Waldmeister-Bowle 120
Weinblätter mit Kräuter-Reis-Füllung 113
Weizengras-Smoothie 17
Wildkräutersalat 25
Wirsing-Roulade auf Rahmsauce 110

Z
Zanderfilet auf Basilikum-Pesto 102
Zaziki 66
Zucchini
– Antipasti-Brotaufstrich 63
– Canapés mit Gemüseaufstrich 84
– Gebratene Gemüse-Spieße 87
– Kartoffel-Pizza mit frischem Gemüse 111
– Paprika-Zucchini-Suppe 78
– Zucchini-Auflauf 98
– Zucchinicreme-Suppe 76
– Zucchini-Käse-Bratlinge 27
– Zucchini-Kugeln mit Putenhackfleisch 104

Stichwortverzeichnis

A
Acai-Beere 24
Acemannan 20
Adenosintriphoshat (ATP) 35
Agar-Agar 21
Agavendicksaft 28
Ahornsirup 30
Algen 21
– Chlorella 22
– Dulse 22
– Gesundheitswert 21
– Hijiki 22
– Meeressalat 22
– Meeresspaghetti 22
– Nori 22
– Spirulina 21
– Vitalstoffe 21
– Wakame 21
Alkohol 44
Aloe Vera 20
Aloe-Vera-Gel 21
Alterung 36, 39
Antioxidanzien 14, 16, 18, 24
Avocado 31

B
Bärlauch 31
Bioflavonoide 18
Biophotonen 11, 12
Birkenzucker 30
Blattgrün 12
Bohnen, grüne 32
Boutenko, Victoria 16

Brainfood 28
Brennnesseltee 48

C
Camu-Camu 22
Chia-Samen 26
Chlorophyll 10
– Eigenschaften 11
– Quellen 16
Cola 44
Cranberry 24

D
Darmgesundheit 57
Darmkur 57
Dattelsirup 30

E
Earp-Thomas, Dr. George 16
Effektive Mikroorganismen (EM) 53
Eiweiß 26
EM aktiv
– EM Blond 54
EM-Lösungen 54
EM Manju 56
Emoto, Masaru 39

F
Fast Food 35
Fenchel 32
Fencheltee 48
Fermentation 55
Fife
– Dr. Bruce 26
Fruchtsäfte 44

G
Gerstengras 18
Gesamtcholesterin 20
Getränke, gesunde 44
Ginseng 20
Gluten 16
Goji-Beeren 24
Grander, Johann 42
Guarana 46

H
Hagiwara
– Dr. Yoshide 18
Hanfsamen 26
Hertwig, Hugo 10
Higa, Teruo 53
Honig 31

K
Kaffee 43
Kamillentee 48
Keramik-Pipes 56
Kokosblütenzucker 31
Kokoschips 28
Kokosflocken 28
Kokosöl 28
Kokoswasser 28
Kräutertees 47

L
Lapacho-Tee 47
Lauch 32
Lebensweise, ungesunde 35
Leinsamen 26
Lindenblütentee 48
Lumira 36

M
Maca 46
Mangold 34
Matcha 46
Melissentee 48
Mikroorganismen 52
Mikroorganismen, schädliche 57
Mitochondrien 10, 39
Morris, Julie 14

N
Nachhaltigkeit 58
Nahrung, lebendige 12
Nahrungsmittel, chlorophyllhaltige 12
Nitrat 32, 34
Nüchternblutzucker 18

O
Olschewski, Felix 58
Omega-3-Fettsäuren 26, 30
Omega-6-Fettsäuren 30
Oxalsäure 34

P
Petrini, Carlo 50
Pflanzenstoffe, sekundäre 14
Photonen-Vervielfacher 11
Popp, Prof. Dr. Fritz Albert 11
Pu-Erh-Tee 47
Purine 32

R
Reishi-Pilz 20
Rosenkohl 34

S
Sauerstoff 35
Säure-Basen-Gleichgewicht 18
Schadstoffe 42
Senfölglykoside 32, 34
Slow Food 50
Smoothies, grüne 12, 16
Softdrinks 44
Spargel, grüner 32
Spinat 34
Staudensellerie 34
Stevia 31
Superfoods 14, 22
Sushi 21
Süßungsmittel
– gesunde 28
– ungesunde 15

T
Tanaka, Dr. Shigeru 56
Tee, grüner 46
Tee, schwarzer 43
Trinkqualität 40

U
Umkehrosmose 42
Urgeschmack 58

V
Veganer 26
Verbraucherschutz 51
Vitalstoffe 37, 130
Vitamin C 24

W
Wasser, aktiviertes 40, 56
Wasserfilter 42
Wasser, gesundes 40
Wasserkristallforschungen 39
Weidefleisch 59
Weinblätter 34
Weizengras 16
Wigmore, Dr. Ann 18
Wirkstoffe, antibakterielle 24
Wirkung, entzündungshemmende 25
Wirsing 34

Z
Zellatmung 10
Zellerneuerung 35
Zellnahrung 35
Zellstoffwechsel 10
Zivilisationskrankheiten 35

Bibliografische Information der Deutschen Nationalbibliothek
Die Deutsche Nationalbibliothek verzeichnet diese Publikation in der Deutschen Nationalbibliografie; detaillierte bibliografische Daten sind im Internet über http://dnb.d-nb.de abrufbar.

Programmplanung: Uta Spieldiener
Projektmanagement: Annalena Müller
Redaktion: Anne Beck
Bildredaktion: Christoph Frick, Caroline Merdian

Umschlaggestaltung und Layout: CYCLUS Visuelle Kommunikation, Stuttgart

Bildnachweis:
Umschlagfoto: dhemmyzeirifandi – Getty Images/ RooM RF
Fotos im Innenteil:
Rezeptfotos: Anke Schütz, Buxtehude
Autorenfoto: Claudia Seifen
S. 15: Meike Bergmann, Berlin
S. 37: Nikolai Weidner
S. 51: Marcello Marengo
S. 59: Andrea Olschewski

1. Auflage 2019

Printed in Germany

Satz und Repro: Fotosatz Buck, Kumhausen
Gesetzt in Adobe InDesign CS6
Druck: Westermann Druck, Zwickau

Gedruckt auf chlorfrei gebleichtem Papier

ISBN 978-3-432-10849-0 1 2 3 4 5 6

Auch erhältlich als E-Book:
eISBN (ePub) 978-3-432-10850-6

Wichtiger Hinweis: Wie jede Wissenschaft ist die Medizin ständigen Entwicklungen unterworfen. Forschung und klinische Erfahrung erweitern unsere Erkenntnisse. Ganz besonders gilt das für die Behandlung und die medikamentöse Therapie. Bei allen in diesem Werk erwähnten Dosierungen oder Applikationen, bei Rezepten und Übungsanleitungen, bei Empfehlungen und Tipps dürfen Sie darauf vertrauen: Autoren, Herausgeber und Verlag haben große Sorgfalt darauf verwandt, dass diese Angaben dem Wissensstand bei Fertigstellung des Werkes entsprechen. Rezepte werden gekocht und ausprobiert. Übungen und Übungsreihen haben sich in der Praxis erfolgreich bewährt.

Eine Garantie kann jedoch nicht übernommen werden. Eine Haftung des Autors, des Verlags oder seiner Beauftragten für Personen-, Sach- oder Vermögensschäden ist ausgeschlossen.

Geschützte Warennamen (Warenzeichen®) werden nicht besonders kenntlich gemacht. Aus dem Fehlen eines solchen Hinweises kann also nicht geschlossen werden, dass es sich um einen freien Warennamen handelt.